Anonymous

Mitteilungen zur Geschichte des Heidelberger Schlosses

Anonymous

Mitteilungen zur Geschichte des Heidelberger Schlosses

ISBN/EAN: 9783743690530

Hergestellt in Europa, USA, Kanada, Australien, Japan

Cover: Foto ©ninafisch / pixelio.de

Weitere Bücher finden Sie auf **www.hansebooks.com**

Mittheilungen

zur Geschichte

des

Heidelberger Schlosses.

Herausgegeben vom

Heidelberger Schloßverein.

Band III.

Mit acht Tafeln.

— — —— ——————•◄ ✦ ►•———————

Heidelberg,

Buchhandlung von Karl Groos.

1896.

SEINER KÖNIGLICHEN HOHEIT

GROSSHERZOG FRIEDRICH VON BADEN

DEM DURCHLAUCHTIGSTEN PROTEKTOR

DES HEIDELBERGER SCHLOSSVEREINS

ZUM 9. SEPTEMBER 1896

GANZ UNTERTHÄNIGST DARGEBRACHT.

Inhalt.

IV.

Zur Baugeschichte des Otto-Heinrichsbaus.

Von

Max Bach in Stuttgart.

Wohl kein Profanbau in deutschen Landen ist so oft beschrieben und gezeichnet worden, als das Heidelberger Schloß und trotzdem stehen immer noch Fragen genug offen bezüglich der künstlerischen Urheber der einzelnen Bauten und deren Einstellung in die Kunstgeschichte ihrer Zeit. Vor allem ist es besonders der Otto-Heinrichsbau, welcher beharrlich allen Forschungen trotzte; sein Meister ist immer noch nicht gefunden, er steht immer noch unter den Werken der deutschen Renaissance fast vereinzelt da!

Doch sehen wir einmal näher zu, suchen wir uns unabhängig zu machen von alten tief eingewurzelten Anschauungen und benützen wir sorgfältig die jetzt in erwünschter Vollständigkeit publizirten Bauakten und andere urkund-lichen Aufzeichnungen aus der Geschichte der Pfalzgrafen, so werden wir doch zu anderen Resultaten kommen als bisher und Vieles klar stellen können, was bis jetzt noch ein ungelöstes Räthsel war.

Was bis zum Jahr 1868 über den Otto-Heinrichsbau gesagt werden konnte, gipfelt sich in dem Satz, welchen schon Lotz in seiner 1863 er-schienenen Kunsttopographie vertritt. Der Otto-Heinrichsbau ist die höchste Leistung der Renaissance in Deutschland, erbaut von einem deutschen Meister, welcher in Oberitalien gereist ist, dort namentlich die Certosa bei Pavia studirt, aber auch die Bauten Sansovino's in Venedig gekannt haben muß. Diese Auffassung ist wesentlich beeinflußt durch den epochemachenden Aufsatz von Stark in Sybel's historischer Zeitschrift vom Jahr 1861. Stark war der Erste, welcher aus dem wirren Chaos der verschiedenartigsten Deutungen und Würdigungen des Baues sich frei machte, und sein wesentliches Ver-dienst ist, den Zusammenhang der Figurenfolge an der Façade richtig ge-deutet zu haben.

Lübke[1]) hat in der Folge die Abhängigkeit der Architektur von der italienischen Frührenaissance weiter ausgesponnen, kommt aber zu dem Schluß,

[1]) Geschichte der deutschen Renaissance II. Aufl. S. 323.

daß man an einen italienischen Meister nicht denken könne; die Façade sei „der edelste Spiegel und die höchste Blüthe des deutschen Humanismus in seiner vollen Idealität".

Gehen wir aber noch etwas weiter zurück und verfolgen wir die Aus-sprüche früherer Autoren, so fällt sofort auf, daß alle in dem Stil des Baues etwas fremdartiges erblicken. Der Schwede Biörnstahl (1774) nennt das Schloß gothisch, Le Duc (1779) spricht von schönen Façaden im „er-habensten Geschmack", Rembeck (1807) sagt: „Die Thürverzierungen am Otto-Heinrichsbau konnten nur einem griechischen Meißel entblühen. Die Vermischung des Gothischen und Griechischen ertheilt dem ganzen einen eigenen reizenden Charakter". Helmina von Chezy schreibt 1816: „Die Arabesken der Thüren im Otto-Heinrichsbau sind ganz im Sinn und Geist des Benvenuto Cellini", dasselbe wird noch im Jahr 1854 von Dr. Huhn in seinem Führer ausgesprochen.[1] Weit verbreiteter war aber die Ansicht, Michel-Angelo habe den Entwurf von der Façade gemacht. Darüber lesen wir noch in dem Buche des Schloß-Castellans Richard Janillon vom Jahr 1857: „Den Plan zu diesem, in allen seinen Theilen so herrlichen Bau . . . . soll — wie Manche behaupten wollen — der berühmteste Maler, Bildhauer und Baumeister seiner Zeit, Michael-Angelo entworfen haben, und wäre es so, wahrlich, er würde selbst diesem größten Künstler Ehre machen; doch dieser außerordentliche Meister hat wohl viele Bauten dieser Art entworfen und ausgeführt; der Baukünstler unseres Otto-Hein-richsbaues aber war ein Heidelberger, der wohl bei seinem Entwurf die Werke jenes großen Künstlers im Auge haben mochte".

Wir sehen, hier regt sich zugleich der Lokalpatriotismus, und wir finden in der That bei Ramée[2] sogar den Namen dieses angeblichen Heidel-bergers, der „Booher", italienisirt „Boohario" geheißen habe. Hat aber dieser Name nicht einen ganz niederländischen Klang?

Hören wir noch den Architekten Leger an, dessen Führer durch die Ruinen zu dem besten gehört, was man früher hatte[3]; derselbe schreibt: „Die Façade ist in gutem Stile, nach der Art, die man die Römisch-Italie-nische nennt, erbaut, und an ihr hat die Kraft des Meißels in einem hohen Grade sich bewährt."

---

1) Vergl. Rosenberg, Quellen zur Geschichte des Heidelberger Schlosses S. 206 ff.
2) Le château de Heidelberg, Paris 1859, S. 12.
3) Führer durch Heidelbergs Schloßruinen, 5. Aufl., S. 50.

Wenn ich oben die Jahrzahl 1868 angeführt habe als den Zeitpunkt, bis wohin man allgemein den italienischen Ursprung der Façade, wenn auch nicht direkt, so doch indirekt angenommen hatte, so soll damit nicht gesagt sein, man habe seither diese Frage als abgeschlossen betrachtet; nein, das Jahr 1868 ist insofern wichtig für die ganze neuere Entwickelung der Bau-geschichte des Schlosses, daß hier erstmals ein oder auch mehrere Meister urkundlich genannt werden, welche an dem Baue thätig waren. In dem genannten Jahre veröffentlichte nämlich erstmals Wirth im Archiv für Ge-schichte der Stadt Heidelberg I S. 19 den bekannten Vertrag mit Alexander Colin aus Mecheln, aus den Akten des Großherzoglichen General-Landes-archivs zu Karlsruhe. So hatte man endlich ein paar Namen, an die man sich halten konnte, aber damit war noch nicht ausgesprochen, wer der ent-werfende Meister war, die Namen konnten vielfach gedeutet werden und nur eine Persönlichkeit „Alexander Colin aus Mecheln" stand fest. Man erinnerte sich, daß dieser Colin von Kaiser Ferdinand I. [1] nach Inns-bruck berufen wurde, um die Marmorreliefs an dem großartigen Grab-monument Kaiser Maximilians I. in der Hofkirche daselbst, welche von den Brüdern Bernhard und Arnold Abel aus Köln begonnen worden waren, zu vollenden. Bezüglich der anderen Namen konnten nur Ver-muthungen obwalten, und diese führten schließlich zu allen möglichen Hypo-thesen, je nachdem der Vertrag ausgelegt und kommentirt wurde.

Das Wichtigste aus diesem Vertrag [2] soll nochmals wiederholt werden.

„Item soll gemelter Alexander Bildhauer zum fürderlichsten und zum ehesten die fünf Stück, nemlich die vier Säulen oder Pfeiler im großen Saal und der Stuben sambt das Wapen ob der Einfarth des Thors hauen und verfertigen lassen, damit man werben [fortmachen] kann und die Notturft erfordert.

Item. Die zwey grösser Bilder in beiden Gestellen, und dann die sechs Bilder ob den Gestellen, jedes von fünf Schuhen gehauen werden solle.

Item Alexander Bildhauer solle auch fünf großer Löwen hawen und fertigen, vermög Anzeig und Visirung.

Item sechs mühesame Thürgestell, so inwendig in den Baw kommen, alles vermög einer jeder Visirung so darüber ufgericht.

Item sieben mittelmäßige Thürgestell, etc.

Item das Thürgestell so Anthonj Bildthawer angefangen hat, soll ge-melter Alexander vollendt ausmachen.

---

1) Nach Schönherr (Mitth. d. Heidelb. Schloß-Ver. II S. 60) wurde übrigens Colin durch die Gebrüder Abel in Sold genommen.

2) Auch abgedruckt in den Mitth. I S. 22.

Item die zwey Camin, eins in meines gnedigsten Herrn Cammer, das ander im großen Saale."

Am Schluß des Vertrags ist noch beigefügt: „Nota. An seinem vorigen Geding sein noch 14 Bilder vermög Disirung zu hauen. Soll er ietzgemelter Alexander ietz in seine Costen hawen und vor jedes Bild 28 fl. Daneben 14 Fensterpfosten vor jedes 5 fl. zu hawen. Ihme diß·mals auch eingeleibt solches zu befürdern."

Man sollte nun meinen, diese auch für moderne Augen noch deutlich und lesbar geschriebenen Sätze würden ohne Schwierigkeiten mit den vor-

Wappen am Neuen-hof von 1549.

handenen Resten des Bauwerks in Beziehung zu bringen sein. Denn ist aber nicht so, sie haben die verschiedenartigsten Deutungen gefunden.

Das Bestreben, den im Vertrag genannten Baumeistern und Bildhauern einen bestimmten Antheil am Palast zuzuweisen, hat zu großen Irrthümern geführt. Man wollte den beiden Werkmeistern Caspar Fischer und Jacob Leyder (Heyder) und dem, neben Colin thätigen Bildhauer Antonj, ohne bestimmte Anhaltspunkte zu haben, Arbeiten zuweisen, die ihnen nach meinen Ausführungen gar nicht zukommen konnten.

Wir haben uns zunächst mit einem Aufsatz von Theodor Alt zu beschäftigen, welcher nebst einem Nachtrag in Lützows Zeitschrift für bildende
Kunst 1884 erschienen ist.

Alt führt seinen Aufsatz ein durch die schon von Leger erstmals in der
zweiten Auflage 1819 seines Führers mitgetheilte Stelle aus einem Briefe
des Churfürsten Friedrich II. an die Stadt Straßburg vom Jahr 1555,
worin dessen Werkmeister Jakob Haider genannt ist. Dieser Haider war
ohne Zweifel der Erbauer des sog. Neuen Hofes 1549—1555 und ist wohl
identisch mit dem in Colins Vertrag genannten Heyder oder Leyder [1] Mit
dem Entwurf zum Otto-Heinrichsbau hat er nichts zu schaffen, er vertrat
dort nur die Rolle eines gewöhnlichen Werkmeisters. Ganz unrichtig ist
übrigens, wenn Alt dem Heyder die Erbauung des Bibliothekthurms zu-
weist; dieser Thurm stand in seinen Grundmauern schon viel früher und
wurde erst von Friedrich IV. in seiner jetzigen Gestalt erhöht und verändert. Wenn Leger schon Friedrich II. die Absicht zuschreibt, eine Verbindung des Neuen Hofes mit dem Ludwigsbau durch einen Zwischenbau
(Otto-Heinrichsbau) herzustellen, so ist das, wie Alt mit Recht behauptet,
unrichtig; denn die Südfaçade des Neuen Hofes lag gegen dem später an-
gebauten Otto-Heinrichsbau frei. Dagegen ist mit Sicherheit zu sagen, der
Ludwigsbau hat nicht mit dem im Jahr 1524 errichteten Treppenthurm
ein Ende erreicht, sondern hat sich noch eine Strecke weit fortgesetzt, was
auch aus der Abbildung des Sebastian Münster hervorzugehen scheint, wo-
selbst dieser Treppenthurm sichtbar ist.

Nun dürfen wir aber doch nicht, wie Alt thut, dem Churfürsten Friedrich allen Sinn und Geschmack für die Kunst absprechen. Er war weit
gereist, hielt sich viel in Spanien, Frankreich und England auf und stand
in nahen Beziehungen zu Kaiser Karl V., welcher ihn schon in jungen
Jahren in den Niederlanden kennen lernte und auch später ihm seine
Schwester, die verwittwete Königin Maria von Ungarn, zur Ehe geben
wollte, welche aber schwur, für immer Wittwe bleiben zu wollen.

Friedrich hatte an seinem Hof auch einen Niederländer, den Lütticher
Hubert Thomas, welcher schon im Jahr 1520 in die kurfürstliche Kanzlei
eintrat, in der Folge 22 Jahre lang als Secretär des Fürsten fungirte und
auch seine Lebensgeschichte schrieb [2]. Neben ihm wird genannt als Hofmaler Erhard Grave, welcher in Heidelberg ein eigenes Haus besaß. Der
Name weist ebenfalls auf die Niederlande.

---

[1] Die Lesart scheint immer noch nicht ganz gesichert zu sein. [S. unten Nr. V. L.-Neb.]
[2] In deutscher Uebersetzung erschienen von E. von Bülow. Breslau 1849.

Aber auch ein Kunstwerk im alten Ruprechtsbau, welchen Friedrich in den Jahren 1544—1546 verschönern läßt, ist unstreitig aus der Hand eines Niederländischen Künstlers hervorgegangen. Ich meine das schöne Kamin, welches noch im oberen Geschoß dieses Baues steht, vielfach abgebildet ist und auch von Alt beschrieben wird [1]). Alle Autoren, welche sich darüber äußern, besonders auch Stark, nennen dieses Kamin als ein Werk

Am Kamin im Ruprechtsbau.

Nach Seitz und Koch.   Nach Th. Alt, Zeitschr. f. bild. Kunst.

der besten italienischen Renaissance. Unbegreiflicher Weise hat aber Alt sowohl den sog. Neuen Hof, als auch die Restaurationsarbeiten Friedrichs am Ruprechtsbau dem Baumeister Caspar Fischer, der im Colin'schen Vertrag genannt ist, zugeschrieben und zwar auf Grund der beiden Monogramme C F, welche sowohl an dem Kamin und der Wappentafel des Ruprechtsbaus, als auch an einem der Wappenmedaillons am Neuenhof (Koch und Seitz, Taf. 43,₁₄) angebracht ist. Dieses Monogramm wurde schon von Leger als das Zeichen des Kurfürsten Friedrich richtig gedeutet und steht außer

----

1) a. a. O.

Zweifel. Vergleicht man den Stil der Wappen am Neuenhof mit denjenigen am Kamin, so ist einleuchtend, daß dieselben nicht von einer Hand gemacht sein können, abgesehen davon, daß man das Monogramm an diesen Bildhauerarbeiten unmöglich einem Werkmeister vindiziren konnte.

Betrachte man einmal das Kamin näher und nehme eine gute Photographie in die Hand,[1] so wird man zwischen der Alt'schen Zeichnung

Vom Kamin im Rupprechtsbau (vergl. S. 134).

und der Wirklichkeit einen Unterschied wahrnehmen, der bei Alt zu Gunsten der italienischen Provenienz entschieden werden muß, wenigstens was das stark restaurirte Ensemble anbelangt. Die besser gezeichneten Details dagegen verrathen jedoch nur zu sehr ihre niederländische Abstammung. Die Medaillons mit behelmten Köpfen und die Palmettenornamente sind ächt niederländisch, ebensowohl das Füllungsornament mit dem Monogramm. Keinem deutschen oder italienischen Künstler würde es eingefallen sein, das Schildchen an Schnüren zu befestigen, die aus den Schnäbeln phantastischer Hahnen hervorgehen. Auch die Wappenschilde und Wappenlöwen haben eine hierzulande in dieser Zeit nicht gebräuchliche Form.

---

[1] s. die Abbildungen bei Seitz und Koch, Sauerwein und Ramée (bei dem Letzgenannten stark restaurirt).

Kehren wir jedoch nach diesem Abschweif zu unserem Vertrag zurück. Als Arbeit Colins werden hier zum ersten erwähnt: Die vier Säulen oder Pfeiler im großen Saal und der Stuben, sammt dem Wappen ob der Einfahrt des Thors. Darüber kann kein Zweifel sein, daß damit die vier Träger der Kreuzgewölbe im großen und kleinen Saal gemeint sind, wovon noch zwei theilweise erhalten sind. Zweitens: Die zwei größten Bilder in beiden Gestellen. So klar auch diese Stelle zu sein scheint, so hat man doch darüber alle möglichen Erklärungen aufgestellt. Alt sagt: an die Figuren des Portals könne dabei nicht gedacht werden, denn sie sind von

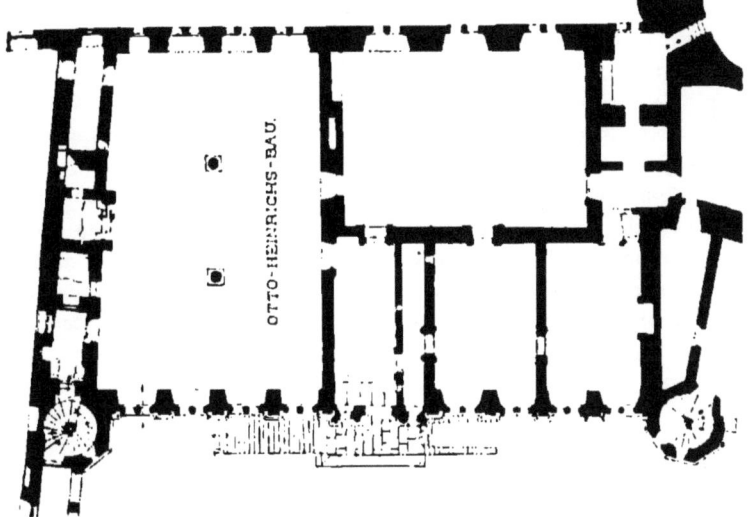

OTTO-HEINRICHS-BAU.

Grundriß des Otto-Heinrichsbaus.

der Hand des Bildhauers Antoni. Durm [1]) versteht darunter die beiden Löwenbändiger über dem Hauptgesims. Die einfachste und einzig richtige Erklärung kann nur folgende sein: es sind die vier großen Caryatiden zu beiden Seiten des Portals, welche das Gebälk tragen.

Weiter, die sechs Bilder ob den Gestellen, jedes von fünf Schuhen. Auch hier stellt Alt ganz merkwürdige Erklärungs-Versuche auf. Er meint, das beziehe sich „zweifellos" auf die Kartouchen über den Thüren des großen Saals; Durm dagegen versteht darunter die sechs Caryatiden am Hauptportal, obgleich nur die oberen fünf Fuß messen. Ich meine, wir

---

1) Centralblatt der Bauverwaltung 1884 Nr. 1 ff.

thun am beſten, wenn wir auch hier die einfachſte und allein mögliche Löſung der Frage alſo formuliren: Unter dieſen ſechs Bildern ob den Geſtellen ſind zu verſtehen: die beiden oberen Caryatiden, die beiden Löwenbändiger, das Wappen und der obere Aufſatz mit dem Bildniß des Churfürſten; daß hier das Wappen noch einmal wiederholt wird, thut nichts zur Sache.

Ferner fünf große Löwen. Daß ſolche vorhanden waren, ſieht man auf dem Kraus'ſchen Stich von 1683. Die dort nicht ſichtbaren beiden Stücke ſind wohl auf die Oſtſeite des Palaſtes zu verweiſen.

Nun kommt ein ſchwieriger Punkt, nämlich die verſchiedenen Thürgeſtelle, ſo inwendig in den Bau kommen. Darunter ſechs mühe-ſame, ſieben mittelmäßige und ein Thürgeſtell, ſo Anthonj Bildt-hawer angefangen hat.

Rechnet man dieſe Thürgeſtelle zuſammen. ſo erhält man 14 Thüren, und merkwürdigerweiſe ſtimmt das ganz genau mit den noch im Parterre-geſchoß des Otto-Heinrichsbaus erhaltenen Thürgeſtellen.

Freilich dürfen wir dann nicht mit Alt annehmen, fünf von dieſen Thüren ſeien ſchon vorhanden geweſen, als mit Colin der Vertrag abge-ſchloſſen wurde. Dazu ſind wir keineswegs berechtigt, denn im großen Saal waren offenbar Vertäfelungen und hölzerne Thürgeſtelle, desgleichen in den oberen Stockwerken. Auch Durm rechnet ganz richtig fünf doppel-ſeitige Thürgeſtelle, drei einſeitige und eine ſolche, deren Rahmen mit den Gliederungen der Holztäfelung ſtimmen ſollte. Kann ſich aber nicht ent-ſcheiden, welche für Colin und welche für Antonj in Rechnung zu nehmen ſind. „Die Kartonchenornamente über den Thüren haben jedenfalls Antonj nicht zum Verfertiger und ſind ſogar für Colin etwas vorgeſchritten."

Jetzt ſtehen wir vor der Frage, welche Thüren als mühevoll und welche als mittelmäßig angeſehen werden müſſen. Ich glaube, das kann ohne beſondere Schwierigkeiten gefagt werden. Mühevoll ſind diejenigen, welche Figuren oder Hermen in den Geſtellen und überdies noch einen reichen Aufſatz haben. Als ſolche ſind zu betrachten: 1) Die Thüre vom Veſtibül in den großen Saal, 2) die Thüre vom Veſtibül in den kleinen Saal, 3) die Thüre vom kleinen in den großen Saal mit dem Pfälzer Wappen, 4) die Thüre vom kleinen Saal in die Nebenräume, 5) die Thüre vom Audienzzimmer in das Vorzimmer, 6) die Thüre vom Audienzzimmer in den kleinen Saal und 7) vom Audienzzimmer in das Studirzimmer. Darnach erhalten wir ſieben Thüren, wovon eine von Antonj unfertig hinterlaſſen wurde. Einfache Thüren ſind: 1) Thüre vom kleinen Saal in

das Audienzzimmer, 2) vom kleinen Saal in's Vestibül, 3) vom Vorzimmer
in's Vestibül, 4) vom Vorzimmer in das Audienzzimmer, 5) vom Vestibül
in den großen Saal, 6) vom Studir- in das Audienzzimmer, 7) von da
in die Nebenräume, diese Thüre ist besonders einfach und ohne Zweifel
die, wie Durm annimmt, mit den Gliederungen der Holztäfelung in Verbindung stehende.

Damit hätten wir also das Programm vollständig erfüllt, aber wie
steht es nun mit dem Bildhauer Antonj. Alt hat mit einer Sicherheit,
die geradezu Staunen erregen muß, behauptet, Antonj sei der Meister des
ganzen Baues und zwar einzig und allein auf Grund seiner stilistischen Untersuchungen an den Portalen und Thürgestellen. Wir sind auf Grundlage
unserer eigenen Studien mit den Herren Koch und Seitz ganz einverstanden,
wenn sie sagen: „am ganzen Bau haben wir keinen Theil gefunden, dessen
Ausbildung so von den übrigen abweicht, daß auf einen Künstler von anderer Empfindung und anderer Uebung in der Ausführung geschlossen
werden konnte". Die ganze Façade nebst den Innenräumen ist einheitlich
nach einem bestimmten Plan oder „Visirung" gebaut und haben daran verschiedene Hände gearbeitet, welche aber nur das ausführten, was ihnen
der Architekt gemäß seiner Zeichnungen vorgeschrieben hat. Wir müssen
das ganz besonders betonen, denn es geht aus dem Vertrag mit Colin
auf das bestimmteste hervor. „Vermög und Inhalten darüber ausge-
strichener ufgerichter Visirung" und besonders auch bei den Thürgestellen,
wo es allemal heißt: „vermög einer jeder Visirung, so darüber ufgericht."
Sowohl Antonj als Colin konnten also nichts anderes machen, als was
ihnen vorgezeichnet war. Die verschiedenen Varianten in den Thürgestellen,
besonders die auch von Durm hervorgehobenen beiden Thüren mit den
Figuren auf kandelaberartigen Postamenten im Audienzzimmer und die sog.
Antonjthüre im Studirzimmer, müssen auf Rechnung des Zeichners gesetzt
und nicht als die Erfindung der Bildhauer betrachtet werden; sie hatten
nur nach Vorschrift zu arbeiten, und warum soll dem Zeichner nicht zuge-
traut werden, daß er auch einmal andere Motive anbringt als die gewöhnlichen Hermen und Caryatiden, oder anstatt Kartouchen in den Friesen über
den Thüren einmal auch ein fortlaufendes Ornament anbringt. Die einfachen Thüren ohne Aufsatz sind dem Bedürfnis entsprungen; so konnten
z. B. die Thüren innerhalb des engen Vorzimmers keine Aufsätze enthalten,
weil man sie nicht sehen konnte und ebenso ist es selbstverständlich, daß die
Thüre, welche vom Studirzimmer in untergeordnete Nebenräume führte,
nicht dekorativ bevorzugt werden konnte. Dann mochte man wohl die

beiden Thüren vom kleinen Saal in's Vestibül und in's Audienzzimmer der Symmetrie und Abwechslung wegen einmal ohne Hermen gestalten. Was nun noch die beiden Thüren, welche bestimmt dem Antonj zugeschrieben werden, anbelangt, so hat die eine, welche aus dem Vestibül in den großen Saal führt, ganz genau dieselben Fruchtschnüre im Fries, welche außen um das Hauptportal herumführen, und die andere mit den beiden geflügelten Löwen im Fries Dekorationsmotive, die eher auf eine vorgeschrittene Stufe in der Ornamentik weisen als auf die dem Antonj zugemessene einfachere italieni-sirende Art.

Daß übrigens Alts Anschauungen über den Ornament-Stil der Re-naissance noch sehr der Berichtigung bedürfen, beweist seine Zusammen-stellung der beiden Friese auf S. 116 seiner Abhandlung. Während er hier die Fig. 9 dem Colin zuschreibt, ist unter Fig. 10 ein Analogon abgebildet, welches für jeden Sachkundigen weit unter Nr. 9 steht, jedoch von Alt seinem Günstling Antonj als Urheber zugewiesen wird. Wie steif und hölzern ist doch hier die Bewegung und ornamentale Ausschmückung der Engelchen als Schildhalter gegenüber der erstgenannten Colin'schen Kom-position.

Und weiter, wie konnte man aus dem einfachen Satz im Vertrag schließen, Antonj müsse Colin überlegen oder gar dessen Meister gewesen sein, ohne auch nur eine einzige Arbeit von Antonj mit Sicherheit nachweisen zu können? Wie konnte man Antonj zum Baumeister stempeln, ohne auch nur den geringsten Anhaltspunkt dafür zu haben? Derselbe wird im Vertrag ja ausdrücklich als Bildhauer bezeichnet, und mehr wissen wir überhaupt nicht von ihm.

Zu erwähnen ist übrigens, daß v. Oechelhäuser einen Meister Antonio nachgewiesen hat, welcher urkundlich 1553 bei Anfertigung des Prachtthors am Piastenschlosse zu Brieg in Schlesien auftritt, und einen gewissen Meister Antony van Helmont, der 1569 bei der Herstellung der Kanzel in der Ka-thedrale von Herzogenbusch erwähnt wird. [1])

Wodurch aber wurde die Berufung Colins nothwendig? Diese Frage beantwortet sich Alt einfach damit: durch die Entfernung resp. den Tod seines Vorgängers. Nun hat derselbe wohl ganz übersehen, was im Nach-trag des Vertrags steht: „Na. An seinem vorigen Geding sein noch 14 Bild vermög Visirung zu hauen." Daraus geht doch unzweifelhaft hervor,

---

1) Neues Archiv für die Geschichte der Stadt Heidelberg III 1895 S. 72 ff.

daß schon vorher mit Colin und wahrscheinlich auch mit Antonj ein Vertrag abgeschlossen wurde.

Unter diesen 14 Bildern sind ohne Zweifel die Façadenfiguren zu verstehen, von denen also bereits zwei Stück fertig sein mochten, denn es finden sich heute noch 16 Stück am Bau. Weiter soll er noch machen 14 Fensterpfosten „vor jedes 5 fl. zu hauen". Nun befinden sich am ganzen Bau 31 hermenartige Fensterpfosten einschließlich der an der hinteren Wand des großen Saales, mithin waren schon 17 fertig, also etwa die Hälfte der ganzen Reihe, abgerechnet die, eventuell an den beiden Giebeln befindlichen Hermen, welche muthmaßlich erst später bestellt wurden.

Wenn wir dennoch Antonj Arbeiten zuweisen wollen, so kann es sich nur darum handeln, ihm außer der genannten Thüre im Innern noch von den Façadenfiguren und Hermen zuzuweisen. Diese Hermen und Façadenfiguren sind aber, wie schon Durm richtig bemerkt, von gleichem Stil und gleicher Technik, sie dürften somit alle aus der gleichen Werkstatt hervorgegangen sein. Antonj arbeitete demnach in gleichem Geist und gleichem Stil wie Colin, er war mit ihm Niederländer und ist ohne Zweifel identisch mit dem genannten Antonj von Helmont.

Man hat ferner mit dem Wechsel zwischen den beiden Bildhauern auch eine Aenderung des ursprünglichen Bauplans in Verbindung bringen wollen. Alt vereifert sich ganz unnöthigerweise über das schmale Vorzimmer, welches „nur ein Wahnwitziger, aber kein halbwegs gebildeter Architekt hätte entwerfen können." Dies Alles und noch mehr, die Aenderung der beiden Thüren im großen Saal werden dem armen Colin in die Schuhe geschoben, während er doch ganz gewiß keinen Theil daran hatte. Es mußten eben aus irgend welchen praktischen Gründen und auf Verlangen des Bauherrn noch während des Baues diese Aenderungen vorgenommen werden, und diese Aenderungen wurden selbstverständlich von dem Werkmeister ausgeführt.

Schon öfter wurde die Frage erörtert, wie weit wohl der Bau bis zu Anfang des Jahres 1558 gediehen sein möchte. Koch und Seitz nehmen an, die Gewölbe im Erdgeschoß wären erst eingezogen worden, nachdem das Haus schon unter Dach war; auch Durm meint, ohne die Säulen in den beiden Sälen, welche im Vertrag genannt sind, könnte die Wölbung nicht hergestellt werden. Das ist ganz richtig, man darf also annehmen, daß der Bau im genannten Jahr zum mindesten bis zum zweiten Stock gediehen war, denn es waren bis dahin ja schon die Hälfte sämmtlicher Fensterpfosten fertig. Dagegen ist noch sehr fraglich, ob der Palast schon im Jahre 1559 vollendet worden ist, wo die Thätigkeit Colins aufhörte. Man hat das aus dem Ableben des Churfürsten Otto Heinrich schließen wollen und aus der Mittheilung des Sohnes von Colin Abraham, welcher in seiner im Jahre 1603 an den Erzherzog Maximilian von Oesterreich gerichteten Denkschrift[1]) berichtet, sein Vater sei in Heidelberg 2c. „in Diensten gewest und mit 12 Gesölln in der Arbeit, ain stattlichen Palast im Werk zu pauen, weiln aber ir churf. G... in Gott seligist abgleibt, das Werk eingestellt, die Diener abgefertigt, mein Vater in seinen Heimat geraist, Darüber ir kay. Mt. von da mein Vater erfordert."

Wir halten es kaum für möglich, in dieser kurzen Zeit diesen herrlichen Palast zu vollenden, doch ist anzunehmen, daß Colin seine Aufgabe in der Hauptsache gelöst hat. Der innere Ausbau wird dann anderen Händen anvertraut worden sein. Die angebliche Zahl 1563, welche sich in der Leibung der Thür zwischen dem kleinen Saal und dem Vestibül findet und von Rosenberg erstmals erwähnt wird, ist übrigens, wenn man genau zusieht, nichts anderes als die Endigung irgend eines Ornaments einer Bandschleife oder dergl. Es ist nur Zufall, daß diese Form gerade Aehnlichkeit mit einer 3 hat und es wäre ganz undenkbar, hier diese Jahrzahl als Analogon mit der gegenüberstehenden Ziffer des Pfalzgrafen Otto Heinrich anzubringen. Alle Inschriften am ganzen Bau sind eingegraben und nicht reliefirt, die erwähnte 3 ist aber erhaben gearbeitet und berührt überdies noch den Rand der Kartouche auf eine bedenkliche Weise, was bei einer Ziffer nicht wohl zu entschuldigen wäre.

Also Schlüsse dürfen wir aus dieser angeblichen Jahreszahl nicht ziehen. Doch haben wir dafür noch andere Zeugnisse, daß der Bau im Jahr 1559 noch nicht vollendet war. So schreibt z. B. Churfürst Friedrich III. 1560 seinem Schwiegersohn Johann Friedrich II. von Sachsen=Gotha, er hätte gern seines Sohnes Ludwig Hochzeit und Heimführung zu Heidelberg gehalten; aber „das neue Haus ist noch nicht ausgemacht". Und noch 1562 schreibt die Churfürstin Maria demselben, das Haus sei noch nicht ausgemacht. Erst aus einer weiteren brieflichen Notiz Friedrichs III. vom Jahr 1567 ist zu schließen, daß der Bau nun fertig sein mußte.[2])

Wenn Koch und Seitz S. 85 die Vollendung des Erdgeschosses, auf Grund der angeblichen Jahrzahl nicht vor 1563 annehmen, so ist das nach dem Vorstehenden hinfällig, es ist ganz und gar unwahrscheinlich, daß damals noch Thürgestelle aufgestellt wurden, welche mit der Namensziffer

---

1) Mitth. II S. 60, vergl. S. 148.

2) Neues Archiv für die Geschichte der Stadt Heidelberg III S. 31 ff.

des schon sechs Jahre vorher verstorbenen Churfürsten versehen waren. Das Erdgeschoß muß zu dieser Zeit, wenn nicht ganz, doch wenigstens in der Hauptsache fertig gewesen sein.

Der Vertrag mit Colin spricht noch weiter von zwei Kaminen, wovon eines im großen Saal, das andere „in meines Gnedigsten Herrn Cammer angebracht werden soll." Das letztere hat sich noch erhalten, ist aber sehr einfach durchgeführt. Alt wittert hier wieder italienische Renaissance und zitirt Serlio Liber VI., dem es nachgebildet sein soll. Wir fügen die beiden Ornamentmotive zur Vergleichung bei, damit jeder sachkundige Leser selbst ein Urtheil darüber fällen kann.

Ornament nach Serlio.

Kaminsturz im Otto-Heinrichsbau.

Das andere Kamin im großen Saal ist leider nicht mehr erhalten, doch ist dessen einstige Stelle an der Wand zwischen dem kleinen Saal noch er- kennbar.

Ueber die Zimmereinrichtung in den oberen Stockwerken ist nichts be- kannt; die Bauakten der späteren Zeit nennen einen Speisesaal und mehrere Stuben, welche von italienischen Malern ausgemalt wurden. An einem der Fenster hat sich noch ein sculpirter Träger erhalten, einen Mann dar- stellend, welcher auf ächt niederländische Art in das Kartouchenwerk sich verwickelt hat. Für diese oberen Räume dürfen wir keinenfalls steinerne Thürgestelle annehmen, wie einige vermutheten, auch keine kostbaren Kamin- schöße. Die Zwischenwände bestanden vielleicht theilweise nur aus Fachwerk; wenigstens ist für die spätere Zeit dies festgestellt. Unter den Bauakten befindet sich eine Zeichnung mit eingezeichnetem Fachwerk für die beiden oberen Stockwerke des Baues, welche 1691—92 ausgeführt wurden.

Ueber die lang geführte Streitfrage, wie die ursprüngliche Façade ihren Abschluß erhalten hat, darüber können wir kurz hinweggehen. Durch die Untersuchungen von Koch und Seitz ist jetzt bis zur Evidenz nachgewiesen, daß zwei hohe Giebel vorhanden waren, welche in ächt nordischer Art, sowohl gegen den Hof als auch gegen Osten die beiden Façaden krönten. Nur dürfte man sich diese Giebel nicht in allzu reicher Weise dekorirt denken, wie die schöne Zeichnung von Seitz; anstatt des Kartouchenwerks mit den geflügelten Genien würde wohl eine einfachere Lösung zu finden sein, wie sie bei Merian angedeutet ist. Dort sieht man auch, daß die beiden Dächer mit einer Menge von Dachfenstern und Kaminen versehen waren.

Die eigentlichen Bauakten für diesen Palast, wie solche beim Friedrichs-bau in so vollkommener Weise erhalten sind, haben sich leider nicht mehr auffinden lassen und erst mit dem Jahr 1649 beginnt wieder eine Reihe von Aktenstücken, die aber von Zeit zu Zeit wieder große Lücken zeigen. [1])

Im 30jährigen Krieg hatte das Schloß Vieles zu leiden, am 16. September 1622 wurde die Stadt nach langer Belagerung durch Tilly eingenommen, und einige Tage später übergab General von Merven auch das Schloß, doch kraft eines für die Besatzung ehrenvollen Vertrags.

Zehn Jahre später jedoch kam die Kriegsfackel mit erneuter Wucht über Stadt und Schloß und der Otto-Heinrichsbau ging in Flammen auf. Das geschah im Jahr 1632, und erst im Jahr 1649 hört man von Veranstaltungen für den Wiederaufbau desselben.

Aus dem genannten Jahr hat sich ein Verzeichniß erhalten (I S. 173): „was Ottheinrichsbau uffzubawen ungefehrlich kosten wirdt, welches zwar auch beschehen muß wegen der darinen noch schöner Gemächer und Ingebauen zu erhalten, und mag dießer Bau vors erste vom Zimmermann und Schiefer-decker ins Dach gesetzt werden, uff daß hernacher die angeregte Ingebäu nicht gar verderben und die Unkosten desto größer fallen." Damals wurden die Unkosten auf 4802 fl. berechnet.

Es scheint, daß diese umfangreichen Reparaturen dann auch in den folgenden Jahren ausgeführt wurden, die Akten schweigen jedoch darüber, nur aus der Abbildung von Ulrich Kraus, darstellend die Hoffaçade des Otto-Heinrichsbaues von ca. 1683 ist zu ersehen, daß diese Wiederherstellungs-arbeiten im Jahre 1659 vollendet worden sind. Auf den Postamenten der schon genannten Löwen ist nämlich zu lesen: Renovatum anno MCLIX. 1660 ist die Rede von „alt Bauholz von Ott-Heinrichsbau abgebrochen" und 1673 wird der „große Eßsaal" und einige Stuben durch Italiener gemalt,

---

1) Abgedruckt in den Mitth. z. Gesch. d. Heidelb. Schlosses, Bd. I u. III, 1.

1678 werden die Fenster frisch angestrichen, ein Kamin reparirt, verschiedene Stuben geweißt und 11 Oefen ausgebessert.

Noch kurz vor der Katastrophe von 1689 im Jahr 1686 wird beschlossen, in einem der steinernen Giebel auf dem Speicher des Otto-Heinrichsbaus eine Kammer für die Hoffchneiderei einzurichten. Im amtlichen Bericht über die Zerstörung des Schlosses am 2. März 1689 ist gesagt [1]): „An denen Ottheinrichs- und Friedrichsgebäuen stehen zwar noch die steinerne Statue außer daß von jenem ein steinerner sitzender Löw das churpfälzische Wappen mit dem Reichsapfel haltend neben noch andere zwei steinerne liegende Löwen so oben auf der Mauer zu Anfang des Dachs an gemeldetem Ottheinrichsbau gelegen, als dieses im Brand war, herabgefallen, von diesen zweien aber einer so ohnedem durchs Feuer zersprungen, vollends herunter- geworfen worden."

Bald nach dem Brand am 7. Juni wird der Werkmeister Bula beauftragt, die beschädigten Baulichkeiten am Schloß zu besichtigen. Derselbe reicht in der Folge einen Ueberschlag ein, in dem er für einen neuen Dachstuhl am Otto-Heinrichsbau 1400 fl. berechnet. Ein Bretterdach würde 215 fl. kosten, ein provisorisches Ziegeldach 292 fl. Das letztere wird am 14. Juli einstweilen angeordnet und erst im Herbst 1690 Bula beauftragt, einen neuen Dachstuhl für den Palast zu fertigen. Es wurde ein Holzmodell von dem Schreinermeister Wachter angefertigt und noch verschiedene Gutachten von anderen Technikern eingefordert, wogegen sich Bula in einer Eingabe beschwert. Aus diesen und anderen Berichten erfahren wir auch, daß der Bau 37 Schornsteine hatte und der Einbau aus Fachwerk bestand, mit Backsteinen ausgemauert. Der Vorschlag, die Stockwerke ganz aufzumauern und die Thürgestelle von Holz zu machen, sei unausführbar, da die 33 — 34 Schuh hohen Stockwerke die Gewölbe darunter nicht ertragen könnten, auch weil an einen Ort die Last mitten oder auf der Seite oder zwischen den Säulen der Gewölbe zu stehen komme und dazu die Schornsteine sehr lasten.

Da nun die Gewölbe über dem Erdgeschoß den beiden Zerstörungen Widerstand geleistet hatten, so dürfen wir auch annehmen, daß die ursprüngliche Ausführung des Innenbaus der oberen Stockwerke wahrscheinlich aus Fachwerk bestanden und man demnach sicher keine steinernen Thürgestelle dort annehmen darf, wie Manche glauben.

Im Juli 1691 ist dann endlich der Dachstuhl fertig und im März des

---

1) Salzer, zur Gesch. Heidelbergs, Heid. 1878 (Progr.) S. 4ff.

folgenden Jahres reicht Bula einen Ueberschlag über die Herstellung der
beiden Giebel ein, welche 480 fl. kosten. Die Arbeit wird im Lauf des
Sommers fertig und noch am 4. September wird angefragt: „Ob die 26
auf dem Dache nöthigen Knöpfe und die 2 auf den Nebenthürmen hergestellt und wie früher vergoldet werden sollen. Der Maler verlangt für
Gold und Arbeitslohn 96 fl. Der Kupferschmied kann seine Bezahlung
von dem reichlich vorhandenen Kupfer erhalten."

Kaum ein Jahr nachher im Juni 1693 geht alles wieder in Flammen
auf, der Bau bleibt geraume Zeit als Ruine stehen und erst 1699 trifft
man Anstalten zu dessen Wiederaufbau; es wird ein Ueberschlag gemacht,
welcher besagt, man könnte mit einem Aufwand von 2400 fl. den Otto-
Heinrichsbau in drei Monaten fertig machen. Wegen Mangel an Mitteln
ging der Bau aber sehr langsam von statten; im Februar 1700 sind erst
die Zimmerleute fertig, damit waren aber auch die im Voranschlag bestimmten Gelder bereits aufgezehrt. Ob der Bau in dem genannten Jahre
noch fertig geworden ist, ist ungewiß, da die Alten darüber schweigen.

1740 hört man noch von einer Dachreparatur. Wie das Dach damals nebst den beiden Giebeln ausgesehen hat, sehen wir aus einer Zeichnung in dem Thesaurus Palatinus in München vom Jahr 1751; es ist
ein abgewalmtes Mansardendach, die beiden Dachgiebel haben noch einen
unorganischen Aufsatz; s. Mitth. III, Taf. III.

Einmal an einem schönen Frühlingstag des Jahres 1764, sagt Leger,
besuchte Carl Theodor, die verödeten Räume der Väterburg und sah die
ernsten Häupter der hohen königlichen Pfalzen im Blaue des reinen Himmels
von den Strahlen der Sonne vergoldet. Staunend durchschritt er die langen
kunstreichen Reihen der prächtigen Hallen und Zimmer, die stolzen Bühnen
und Wälle, sah ringsum die grünenden Hügel von den Schatten der Bäume
und Felsmassen gedämpft, tief unten die volkreiche Stadt und die weite
fruchtbare Fläche vom Silber der Ströme und von fernen Bergen umkränzt.
An einem der Fenster in Otto Heinrichs Königlichem Hause war der Kurfürst endlich müde von der Wanderung stehen geblieben, als eben ein
heiliger Zug über den Burghof daher kam und feierlich langsam nach der
Schloßkapelle sich wendete. Freundlich im Glanze der Morgensonne schim-
merten das Kreuz und die flatternden Fahnen und die Gesänge schallten
beweglich durch die reine Frühlingsluft hin. Da ergriff Ehrfurcht den mächtig
fühlenden Fürsten, und hier beschloß er zu wohnen, hier den strahlenden
Thron auf würdigem Boden zu erheben. Schon war der churfürstliche
Hausrath zur Einrichtung des Schlosses bestimmt und der Hofleute bunte

Schaar mit den Vorbereitungen zum Zuge beschäftigt, als plötzlich am Morgen des 24. Brachmonats im Jahre 1764 der Blitz auf die mosigen Zinnen des sogenannten Neuen-Hofes herabstürzte, ein zweiter Blitz denselben Weg in die schon auflodernde Flamme verfolgte und schrecklicher wie sie je ein Krieg, die letzten prangenden Pfalzen durch himmlisches Feuer zerstörte. Ein größeres hölzernes Nachbild des ganzen Heidelberger Schlosses und der Vorrath einer kostbaren Tapetenwirkerei, welche den eben damals in dem Neuen-Hof Friedrichs II. aufbewahrt wurden, gingen mit zu Grunde. Ja das Feuer war so heftig, daß im achteckigen Thurme die von dem obengenannten Churfürsten gestiftete große Glocke schmolz. Dieses schreckliche Ereigniß wurde damals von dem Pfalzgrafen Carl Theodor und seiner Gemahlin Elisabetha Augusta als eine Stimme von oben gedeutet; und von dort an bis jetzt hat sich der Schluß des Schicksals bewährt: „Nie soll mehr Geräusche des Hofes die heilige Einsamkeit stören, dem Geiste der Dichtung geweiht und der landschaftlich bildenden Kunst."

Der Plan, den Baumeister Meyer im Jahre 1771 zur Bedeckung und Herstellung des Otto-Heinrichsbaus machte, kam nicht zur Ausführung; zu beklagen ist aber, daß damals zur Erhaltung der Ruine gar nichts geschah und, wie Mezger berichtet, sogar die Backsteingewölbe noch mehr zerstört wurden, als sie schon waren.

Auch der Großherzog Karl Friedrich von Baden beschäftigte sich mit dem Plan einer Wiederherstellung. Was in neuester Zeit in dieser Richtung geschah, ist bekannt und braucht hier nicht wiederholt zu werden.

Es erübrigt noch, den Stilcharakter, welchen der Otto-Heinrichsbau als ein Werk niederländischer Renaissance einnimmt, näher zu präzisiren.

Obwohl Wirth schon im Jahr 1868 den Vertrag mit Colin gefunden hatte, brauchte es noch lange Zeit, bis man wagte, den speziell niederländischen Charakter der Façade hervorzuheben.

Das geschah erstmals, soviel wir wissen, durch Rosenberg 1883 in seinem Text zu dem Sauerwein'schen Bilderwerk. Alt tritt diesem Ausspruch entgegen, indem er sagt, die Niederländer hätten zu dieser Zeit nichts anderes gemacht als was sie in Italien gesehen hätten; die niederländische Renaissance sei richtig gefaßt nur die Renaissance in den Niederlanden, wo Colin so wenig seine plastische Kunst erlernt haben dürfte, als dies bei Adrian de Vries der Fall war. Alt hat damit nur bewiesen, daß er die niederländische Kunst nicht genügend kennt. Die Renaissance in den Niederlanden hat eine ganz andere Ausbildung erhalten als in Italien oder Deutschland, und wer Augen dafür hat, den verweisen wir nur auf das Werk von Ewer-

beck „Die Renaiſſance in Belgien und Holland“. Dort iſt zu leſen (Bd. 1,
2. Aufl., Leipzig 1891, Blatt 5): „Die Epoche der Renaiſſance hat uns ſowohl in Antwerpen als auch in Mecheln in Bezug auf die Kompoſition
und Detaillirung der Façaden eine Anzahl hochintereſſanter Beiſpiele über-
liefert; beſonders reich an Bauwerken aus der Frühzeit der Renaiſſance
iſt Mecheln, welches in ſeinem Tribunal, dem alten Palaſte der Statt-
halterin Margaretha von Oeſterreich unzweifelhaft das älteſte Bauwerk der
Renaiſſance auf belgiſchem Boden aufzuweiſen hat (1517); aber auch andere
Bauwerke dieſer Stadt, wie die in reichem Ornamentenſchmuck ausgeführte
Sandſteinfaçade des Hauſes zum Salm (1530—34), ferner der ſog. Teufels-
giebel und ein Haus in der Liebfrauenſtraße gehören ſämmtlich der Periode
der Früh-Renaiſſance an, welche ihren Charakter in allen dieſen Werken,
ſowohl durch die ungemein zarte Behandlung der ornamentalen Details
als auch durch die oft noch etwas ſchüchtern und vorſichtig behandelten Giebel-
löſungen zu erkennen giebt. Im Palaſte der Margaretha von Oeſterreich
wird der erbitterte Kampf zwiſchen dem bisher in Mecheln und den Niederlanden überhaupt allgemein herrſchenden gothiſchen Stile und der von Italien
und Frankreich hereindringenden Renaiſſance ausgefochten und endigt mit
der völligen Verdrängung der gothiſchen Formen, da in den ſpäteren Theilen
dieſes Palaſtes nur die Bau-Formen der Renaiſſance zur Verwendung gelangen . . .“ Der Hauptvertreter der neueren Richtung iſt der Bildhauer
„Guyot de Beauregard, welcher zugleich mit Margaretha von Oeſterreich
aus der franzöſiſchen Provinz Breſſe an den Hof von Mecheln überſiedelt
und von den Statthaltern damit beauftragt wird, Entwürfe zur Erweiterung des Palaſtes zu machen, deren Ausführung indeſſen dem (Gothiker)
Kaldermans übertragen wird.“

Wir ſehen alſo die Heimath Colins war der Sitz einer bedeutenden
Bildhauerſchule und eine der erſten Städte in Flandern, wo die Renaiſſance
ihren Einzug hielt; es liegt demnach auch gar kein Grund vor, Colin in
Italien ſtudiren zu laſſen, der Stil ſeiner Ornamentik hat mit der Italieni-
ſchen Früh-Renaiſſance nichts gemein, es iſt der Stil, wie er ſich ſpeziell
in Nordfrankreich und Belgien ausgebildet hat. Leider ſind die Nach-
forſchungen über Colin in Mecheln gänzlich reſultatlos geweſen. Dort
exiſtirt noch der Rieſe, deſſen Kopf er modellirte; „da haben“, erzählt Abraham Colin,[1]) „die Landſtänd irer fürſtlichen Durchlaucht (Erzherzog Albrecht)
und dero Infando (Jſabella) zu Ehren und Ankunft Triumphporten und
ander Sachen zurichten laſſen, derwegen, weil mein Vater allda geweſt,
irer fürſtlichen Durchlaucht und dero Infando zu gehorſamſten Ehren, auch

---

[1]) Minh. II S. 147.

den Landständen zu Mecheln als sein Vaterland, ain schön großen, etlich Werkschuh hoch sitzenden Riesen zugericht und denen zu Antorf was anders."

Was zunächst die Erscheinung der Façade sowohl im Ganzen als auch in ihren Einzelheiten betrifft, so ist es zweifellos, sagt Seitz ganz richtig; daß weder im mittleren und südlichen Deutschland, noch weniger aber in Italien ein Bauwerk existirt, welches unmittelbar zur Vergleichung herangezogen werden könnte. Anders verhält es sich mit den niederdeutschen Bauwerken in den Niederlanden, und in den Küstengebieten Norddeutschlands finden wir Elemente wieder, welche die Eigenart des Otto-Heinrichsbaus bedingen.

Ueberall in den Niederlanden von der gothischen bis in die neueste Zeit, zeigen die Fenster, wenigstens der Hauptstockwerke, dieselbe relative Größe, die hochgestreckte Form und die Theilung mittels Steinkreuz, wie am Erdgeschoß des Otto-Heinrichsbaus. Beispiele dafür sind das Rathhaus im Haag, das Tribunal zu Mecheln, die Rathhäuser zu Nymwegen und Haarlem, sowie auf deutschem Boden das Rathhaus zu Bremen. Wir wollen die Worte von Seitz nicht weiter wiederholen, genug, der ganze Charakter der Façade sowohl im Ganzen als im Einzelnen — das steht jetzt felsenfest — ist niederländisch. Und ebenso bestimmt als es seiner Zeit Stark ausgesprochen hat: die Bildung des Künstlers sei auf italischem Boden erfolgt, sagen wir jetzt: die Kunst Colins steht ganz auf niederländischem Boden, Italien hat derselbe schwerlich jemals gesehen. Man hat früher auch besonders Werth darauf gelegt zu untersuchen, welche Motive Otto Heinrich bewogen haben werden, diesen Bau in einem bis dahin in seiner Heimat ganz ungewohnten Stile zu erbauen. Seine Reise in den Orient, seine Beziehungen zum Humanismus, seine Bauten zu Neuburg a. d. D. u. dergl. hat man herangezogen. Ganz vergessen aber hat man, daß Otto Heinrich auch in seiner Jugend im Gefolge Kaiser Karl V. eine Reise nach Spanien machte, und dort hat er jedenfalls, wie sein Vorgänger Friedrich, Gelegenheit gehabt Künstler kennen zu lernen und sich mit den Keimen der eben erst aufkommenden neuen Bauweise bekannt zu machen. Wir brauchen übrigens auch das nicht einmal vorauszusetzen, denn wir haben gesehen, daß Friedrich II. schon niederländische Künstler an seinem Hof hatte, Otto Heinrich brauchte also nur diese Beziehungen fortzusetzen und für seine Zwecke zu verwerthen.[1]

---

[1] Bekanntlich ließ Otto Heinrich auch Gobelins von niederländischen Meistern in Lanngen herstellen, welche sich theilweise jetzt noch im National-Museum zu München befinden.

Nun ist schließlich noch die Frage aufzuwerfen, ob Colin nicht auch als Architekt sich bethätigt haben könnte und ob man ihn als den geistigen Urheber der Façade anzusehen habe. Schon Schönherr in seinem Aufsatz über Colin[1]) hat das ausgesprochen und auf die schon erwähnte Denkschrift hingewiesen, in welcher Abraham Colin von seinem Vater aussagt, er habe „einen stattlichen Palast im Werk zu bauen". Betrachtet man ferner die ganze Formengebung der Façade, so ist einleuchtend, daß das malerische Prinzip in der ganzen Komposition vorherrscht. Die spezifisch architektonischen Formen und Gliederungen sind mangelhaft durchgeführt und weisen auf keine eigentliche architektonische Schulung. Vergleicht man damit die Façade des Friedrichsbaus, welche offenbar vom Otto-Heinrichsbau beeinflußt ist, so tritt der Unterschied deutlich hervor. Schoch war ein geschulter Architekt, der bei allem Reichthum der Dekoration doch noch die Gesetze der architektonischen Proportion und Profilirung streng festhielt, seine Façade ist deßhalb auch weit wirkungsvoller und als Architekturwerk auch werthvoller.

Ein deutscher Architekt, wenn er auch in Italien studirt hätte, würde damals etwas ganz anderes gemacht haben als Colin der Bildhauer und Dekorateur. Daß der letztere recht wohl fähig war, architektonisch zu komponiren, beweisen seine verschiedenen Grabdenkmale in Innsbruck und an anderen Orten. Ueberhaupt war es im ganzen Mittelalter und der neueren Zeit keine Seltenheit, daß Bildhauer zugleich als Architekten und umgekehrt sich ausgezeichnet haben.

Im Hinblick auf all das Gesagte dürfen wir wohl aussprechen, daß Alexander Colin der Meister des Otto-Heinrichsbaus ist und alle anderen dabei genannten Namen nur eine untergeordnete Rolle spielen. Dann müssen wir aber auch aufhören, den Otto-Heinrichsbau als das hervorragendste Denkmal der oberdeutschen Renaissance zu bezeichnen. Der Otto-Heinrichsbau ist nicht das Werk eines aus den damaligen Bauschulen des Oberrheins oder Schwabens hervorgegangenen Architekten, er ist die Leistung eines Niederländers und ist ganz in dem dort herrschenden Geschmack ausgeführt.

----

1) Mitth. des Heidelberger Schloßvereins Bd. II 1890 S. 147 f.

Zur Baugeschichte des Heidelberger Schlosses.

Julius Koch und **Fritz Seitz.**

„Wenn man die Höhe des vom Staate zu Schloßzwecken zur Verfügung gestellten Aufwandes in Betracht zieht, so durfte man hoffen, daß
die Veröffentlichung nicht nur den Baumeister oder Kunstkenner, sondern
auch den Geschichtsforscher der heutigen Quellenkenntniß entsprechend be-
friedigen würde. Letzteres ist nur in geringem Grade der Fall, und es
kann daher dem Werke der Vorwurf einer gewissen Einseitigkeit nicht er-
spart werden." Mit diesen Worten leitet unter anderem Herr Huffschmid
seine unten bezeichnete Arbeit [1]) ein, indem er von unserer Publikation „Das
Heidelberger Schloß von J. Koch und F. Seitz, Darmstadt bei Bergsträßer
1891" redet.

Wir haben denselben Vorwurf schon einmal von anderer Seite gehört
und zwar gelegentlich eines Vortrages über unser Werk im Schloßverein.
Damals glaubten wir von einer Entgegnung absehen zu können, weil wir
von einer solchen keine Förderung der Sache erblickten. Wir hatten dann
die Genugthuung, daß der Redner in seinem später herausgegebenen Fremden-
führer in allen wesentlichen Dingen uns gefolgt ist, ohne selbst irgend ein
für die Baugeschichte des Schlosses neues Moment zufügen zu können.

Wenn wir jetzt zu einer Richtigstellung schreiten, so geschieht es, weil
es uns für die Beurtheilung unserer Thätigkeit im Interesse des Schlosses
und auch für die weitere Forschung nicht belanglos erscheint, ob eine von
der Stadt Heidelberg herausgegebene Quellensammlung gedruckte Unrichtigkeiten enthält oder nicht. Wir bitten den Leser um Nachsicht, wenn wir

---

[1]) Maximilian Huffschmid, Zur Geschichte des Heidelberger Schlosses von seiner
Erbauung bis zum Ende des sechzehnten Jahrhunderts (Neues Archiv für die Geschichte
der Stadt Heidelberg und der rheinischen Pfalz. Bd. III, Heft 1. Heidelberg 1895).

in den folgenden Zeilen mehr von unserer Thätigkeit reden, als es uns selbst angenehm ist.

Zunächst im Allgemeinen ist es unrichtig, daß uns von Seiten des Staates zum Zwecke der Publikation besondere Mittel zur Verfügung gestanden hätten. Die vom Staate uns gestellte Aufgabe bestand lediglich in der zeichnerischen Aufnahme und bautechnischen Untersuchung der Schloßruine; dazu wurden die vom Staate bewilligten Gelder verwendet. Die Publikation entsprang unserer eigenen Initiative. Das Großherzogliche Finanzministerium genehmigte, die in seinem Auftrage gemachten Zeichnungen zu benutzen, und ermöglichte so die Herausgabe des Werkes. Materiell unterstützt wurden wir durch die Zahlung der Unkosten für den Transport der Zeichnungen nach Stuttgart und zurück. Im Uebrigen erhielten wir das Honorar von dem Verleger, welches für die im Interesse der Publikation nöthigen Reisen nach den Niederlanden, nach Oesterreich, München, Straßburg und anderen Orten gute Verwendung gefunden hat.

Unrichtig ist, daß wir die uns zugänglichen urkundlichen und sonstigen schriftlichen Ueberlieferungen im großen Ganzen stillschweigend übergingen. Wir verschafften uns nicht nur Kenntniß von allen schon gesichteten Quellen, sondern wir suchten die letzteren auch zu vermehren, so gut dies in unseren Kräften stand. Auf unsere Anregung ist es mit zurückzuführen, daß der Schloßverein die „Mittheilungen" herausgab. Wir gingen dabei von der Ansicht aus, daß es zwecklos wäre, wenn wir uns mit Dingen beschäftigten, welche der Dilettantismus nie zu einem guten Ende führen kann, daß aber im Schloßverein diejenigen Kräfte vorhanden seien, welche historische Arbeiten leiten könnten. Persönlich betheiligten wir uns an diesem Unternehmen, so weit und so gut wir vermochten. So z. B. erfuhren wir gelegentlich von Nachforschungen, welche wir im Innsbrucker Archiv über Alexander Colin anstellten, daß v. Schönherr ein erhebliches Material über den Künstler des Otto-Heinrichs-Baues gesammelt hatte. Unserer Vermittlung war alsdann die Veröffentlichung des trefflichen Aufsatzes dieses Gelehrten zu verdanken.

Als unsere eigene vornehmste Aufgabe erachteten wir das Bemühen, in unserer Publikation durch Zeichnung und Beschreibung ein überall richtiges Bild von der jetzt noch bestehenden Schloßruine zu geben; denn in der Schloßruine selbst liegt das Thatsächliche, der feste Boden, auf welchem man stehen muß, wenn man irgend welche, aus anderen Einheiten gefügte Kombination zu einem richtigen Schluß auf eine Zeitbestimmung oder zur Schaffung einer räumlichen Vorstellung benutzen will.

Kein einziger der Verfasser älterer Schloßbeschreibungen kannte das Schloß so genau, daß diese Kenntniß seinen manchmal sehr phantasiereichen Erzählungen hemmend im Wege gestanden hätte. Man kann billigerweise den älteren Autoren deshalb keinen Vorwurf machen. Durch Anschauen der Ruinen ohne sachverständiges Auge, ohne die Möglichkeit, die tiefsten und höchsten Theile der alten Mauern ganz in der Nähe zu sehen, lassen sich die Eigenthümlichkeiten eines so mannigfaltigen Gebäudekomplexes nicht erkennen. Umsomehr war es aber unsere Pflicht, sowohl dem Kunstfreunde als auch dem Historiker denjenigen Theil unserer an der Schloßruine gesammelten Erfahrungen, welche als Grundlage für weitere Arbeiten dienen konnte, scharf umrissen zur Verfügung zu stellen. Zuverlässige Zeichnungen sollten den jetzigen Bestand der Ruinen an künstlerisch und technisch Merkwürdigem klarlegen; das Erkennen der Erweiterungen und Veränderungen an den einzelnen Bauten und der zeitlichen Aufeinanderfolge dieser sollte die lauterste Quelle für die Geschichte des Schlosses geben. Huffschmid hält dafür (S. 2), daß der Baumeister und der Kunstkenner mit unserer Publikation zufrieden sein könne, nicht aber der Historiker; es wird deshalb nicht unbescheiden sein, wenn wir dem Leser kurz den Weg zeichnen, welchen wir zur Auffindung der obengenannten, für die Geschichte des Schlosses wichtigen Quelle einschlugen, und zugleich Denjenigen, welche sich nicht mit dem Studium unseres Werkes bemühen können, die wesentlichen Ergebnisse unserer Forschung vorlegen. Schließlich werden wir uns erlauben, noch zu untersuchen, welche positiven Resultate die Historiker von Fach, die sich nach Abschluß unserer Arbeiten mit der Geschichte des Baudenkmals beschäftigt haben, vorweisen können.

Wenn wir uns mit der Erforschung der Erbauungszeit, der Situation oder sonstiger Eigenthümlichkeiten eines ganz oder theilweise noch bestehenden Bauwerkes zu beschäftigen haben, so ordnen wir die gesammelten Hilfsmittel dem Wert nach wie folgt: Oben an stehen uns die an dem Bauwerk selbst wahrnehmbaren Eigenthümlichkeiten, insbesondere der konstruktive, nur durch Gewalt zerstörbare Zusammenhang der Bautheile für sich und mit anderen. Z. B. wenn wir eine Mauer sehen, welche in ihrer Längenausdehnung zusammenhängenden Verband zeigt, so halten wir dafür, daß sie einheitlich und gleichzeitig erbaut sei, ganz besonders dann, wenn sie für sich eine geschlossene Konstruktion bildet. Finden wir, daß in dieser Mauer einzelne Theile in nicht kunstgerechtem Verband eingefügt sind, so halten wir die letzteren für älter, wenn sie, bei technischer Verständlichkeit, zuunterst, und für jünger, wenn sie zuoberst gelagert sind. Erkennen wir aber, daß aus einer gleichartigen Mauer Theile herausgeriſſen und andere dafür eingeſetzt ſind, ſo halten wir die letzteren für jünger. Stoßen zwei Mauerzüge unter einem Winkel zuſammen, ſo halten wir ſie für gleichalt, wenn der Ver band in den Ecken ein richtiger iſt; dagegen halten wir die eine Mauer für jünger, wenn ſie an die andere ohne Verband, aber dicht angefügt iſt; für älter halten wir ſie, wenn wir ſehen, daß ſie da, wo ſie die andere Mauer trifft, abgeriſſen und der entſtandene Zwiſchenraum mit oder ohne Verband mit der letzteren ausgefüllt iſt.

Dieſe und ähnliche konſtruktiven Einzelheiten geben uns die Grundlage für alle weitere Thätigkeit. Sie ſind überaus klare und durchaus unanfecht bare Zeugen für jede Zeitbeſtimmung; doch begreiflicher Weiſe nur in relativem Sinn. Um zu einem ſicheren Reſultate zu kommen, brauchen wir außerdem noch beſtimmte Zeichen an den Bauteilen ſelbſt. Dieſe Zeichen ſind ſehr verſchieden nach Art und Wert. Zweifellos ſicher ſind 1) Jahres zahlen, Inſchriften, Wappen, Bildniſſe u. dergl., wenn ſie in einem unlös baren Verband mit dem Bauwerk ſelbſt ſtehen; weniger ſicher und nur zu einem mehr oder minder anfechtbaren Wahrſcheinlichkeitsergebniß aus reichend ſind 2) techniſche oder künſtleriſche Merkmale, welche an anderen datirten Bauten wiederkehren (z. B. mittelalterlicher Feſtungsbau im Ver gleich zu dem nach Einführung des Schießpulvers, techniſche Behandlung der Einzelheiten der Konſtruktion, römiſches Mauerwerk, Stilformen, Stein metzzeichen).

Können wir an dem Bauwerk ſelbſt keine ſicheren Zeichen, wie wir ſie unter 1) genannt haben, auffinden, ſo halten wir von anderen Quellen 3) diejenigen Dokumente, welche, aus der Zeit der Entſtehung des Gebäudes ſtammend, genau die Situation, den Zweck und das Einzelne ſo beſchreiben, daß wir dieſe in den noch vorhandenen Bautheilen wiedererkennen, ſowie Abbildungen, welche durch Aufſchrift eine Datirung ermöglichen, auch Bau akten, für zuverläſſiger und treuer, als die unter 2) genannten techniſchen Merkmale.

Nicht höher anzuſchlagen als 2) ſind: 4) unbeſtimmt gehaltene Erwäh nungen in Urkunden oder bei Schriftſtellern, die blos im Allgemeinen auf das Unterſuchungsobjekt bezogen werden können.

Von ſehr zweifelhaftem Werthe ſind: 5) Erzählungen aus einer ſpäteren Zeit, mündliche Ueberlieferungen, Abbildungen von freierer Auffaſſung u. ſ. w.

Haben wir die relativen Zeitverhältniſſe feſtgeſtellt, ſo kommen wir für den e i n h e i t l i c h e n Baukörper durch Auffindung eines unter 1) genannten Zeichens zu einem eindeutigen Ergebniß, ebenſo, wenn wir dazu unter den-

felben Verhältniſſen 3) fügen können. Iſt der Baukörper jedoch nicht einheitlich und tritt das Zeichen 1) nur an einem Theil auf, ſo kommen
wir zwar für dieſen zu einem abſolut richtigen, für jeden anderen jedoch
nur zu einem relativen Ergebnis. Ebenſo bei Zufügung von 3).

Alle unter 2), 4) und 5) aufgeführten Hilfsmittel und noch viele andere
können unter Umſtänden, wenn ſie richtig verſtanden, verglichen, — wie man
ſagt „kritiſch" verwerthet werden, zu einem befriedigenden Schluß führen.
Durchaus nothwendig iſt jedoch immer, daß ſie mit den relativen techniſchen
Befunden übereinſtimmen. Widerſprechen ſie dieſen, ſo kann ihnen irgend
ein Werth nicht beigemeſſen werden. Sie beziehen ſich dann eben auf ein
anderes als das in Frage ſtehende Bauwerk.

Indem wir nach der geſchilderten Methode die Ergebniſſe unſerer Auf-
nahmen und Unterſuchungen zu ordnen beſtrebt waren, fanden wir, daß
(S. 17) [1]) von dem höchſtgelegenen Punkt des Bergvorſprungs, auf welchem
das Schloß ſteht, dem Krautthurm, eine innere Zwingermauer bis zum
Glockenthurm gegen Norden zieht und von dort ſich gegen Weſten wendet.
Durch den Friedrichsbau iſt ſie unterbrochen, ihre Fortſetzung iſt aber als
Fundament des Frauenzimmerbaues wiederzuerkennen. Von dem Krautthurm
zieht die Zwingermauer auch an der Südſeite gegen Weſten. Sie traf dort
einen Thorbau, deſſen Reſte wir unter dem Boden fanden, läuft als unterer
Teil der Südfaçade des Ruprechtsbaues weiter und wendet ſich als deſſen
weſtliche Begrenzung wieder gegen Norden. Dieſer innere Mauerzug bildet
ein Viereck, deſſen öſtliche und weſtliche Seiten entſprechend dem Gelände ge-
knickt ſind. Um dieſe innere Zwingermauer zog ſich auf allen Seiten eine
ungefähr gleichlaufende äußere Wallmauer, welche auf der Oſt- und Weſtſeite
viel größere, an der Nord- und Südſeite ungefähr gleiche Stärke wie die innere
Mauer zeigt. An der Oſtſeite der äußeren Mauer befinden ſich drei thurm-
artige Schutzbauten der ungemein ſtarke Krautthurm, der Apothekerthurm
und der nur für Handfeuerwaffen eingerichtete Glockenthurm. Wir konnten
die urſprüngliche Einrichtung und Höhe dieſer Thürme feſtſtellen. Sie hatten
übereinſtimmend zunterſt ein Kugelgewölbe; der Glockenthurm hatte wahrſcheinlich nur ein Geſchoß, der Apothekerthurm noch ein zweites gewölbtes
und der Krautthurm noch zwei durch Balkendecken abgetheilte Obergeſchoſſe.
Die beiden letztgenannten Thürme waren vollſtändige Batteriebauten für
Geſchütze. Die Scharten waren in der Mitte eng und geſtatteten ſeitliche
Drehung, zum Theil auch Elevation der Geſchützrohre. Rauchabzüge waren

---

[1]) Wenn kein Titel genannt iſt, beziehen ſich die Citate auf unſer oben S. 150
bezeichnetes Werk.

vorgesehen. Der äußere und der innere Mauerzug waren mit den untersten Schichten des Krautthurms fest verbunden, also gleichzeitig. Irgend welche Spuren einer noch früheren Bauthätigkeit an der Stelle, auf der das Schloß steht, war nicht zu erkennen. Sowohl die eben beschriebenen, von uns als älteste Theile bezeichneten Konstruktionen, als auch die späteren Bauten sitzen fast nirgends tiefer, als der Baugrund gerade verlangte, weshalb ausgeschlossen ist, daß noch ältere Theile bei der Tieferführung neuerer abgebrochen und spurlos entfernt worden wären. Nur der Friedrichsbau und der südliche Theil des Otto-Heinrichs-Baues sind in den festen Untergrund eingeschnitten, dort sind demzufolge auch die alten Bauten gänzlich verschwunden. Selbst wenn man annehmen wollte, daß noch eine frühere Anlage vielleicht auf beschränkterem Raum bestanden hätte, müßten wir auf Ueberbleibsel derselben an irgend einem Ort gestoßen sein. Der Baugrund ist an den meisten Stellen so fest, daß wir wenigstens an ihm Spuren früherer Thätigkeit sicher erkannt hätten. Die festungstechnische Konstruktion der Thürme und Mauern ließ aber nach unserem Wissen — und wir haben uns, so gut wir konnten, in der einschlägigen Litteratur Raths erholt — nur den Schluß zu, daß die von uns als älteste erkannten Bautheile nicht viel vor der Mitte des fünfzehnten Jahrhunderts entstanden sind.

· Weiter hatten wir gefunden, daß an den inneren Mauerzug vier Wohngebäude später an- bezw. aufgebaut waren. Es waren dies ein Haus an Stelle des heutigen Ludwigsbaues, ein anderes an Stelle des Gläsernen-Saal-Baues, ein drittes im nördlichen Theil des Frauenzimmerbaues und ein viertes, von dem noch der Keller und das Erdgeschoß des Ruprechtsbaues übrig geblieben sind. Ein fünftes kleineres Gebäude war noch in seinen untersten Fundamentschichten im Keller des Frauenzimmerbaues festzustellen. Das Haus auf der Stelle des heutigen Ludwigsbaues hatte ein fast ebenerdiges Kellergeschoß, ein Erdgeschoß und mindestens ein Obergeschoß. Der Keller hatte eine Balkendecke. Das Haus war gegen Süden und Westen freigelegen. Die ganze Südwand des Gebäudes, die südwestliche Ecke bis auf zwei Stockwerke und ein Stück der Westwand desselben stehen heute noch (S. 7 und 8). Der Gläserne-Saal-Bau steht z. Th. auf älteren Mauerresten, welche als Fundament eines früheren Gebäudes zu betrachten sind. Dieselben sind unter der Westfaçade und ungefähr auf zwei Drittel der Nord- und Südfaçade noch zu erkennen. Eine Balkendecke war einst auf ihnen aufgelegt. Die Form des Grundrisses konnte von uns festgestellt werden (S. 8 und Fig. 2 und 3). Das umfangreichere Gebäude, welches der heutige

Frauenzimmerbau zum Theil verdrängte, war von Osten nach Westen ungefähr so lang, als der Frauenzimmerbau heute breit ist, und seine Tiefe kam
derjenigen des Friedrichsbaues gleich. Von demselben lassen sich heute noch
drei Stockwerke, welche durch Balkendecken abgeschieden waren, deutlich
erkennen. Der Fußboden des untersten Stockwerks befand sich in nur geringer
Tiefe unter dem Boden des heutigen Kellerraumes: Es lag ebenerdig,
d. h. der damalige Hof hatte in der Nordwestecke ebenfalls die ungefähre Höhe
des Bodens im heutigen großen Keller. Seine Stockhöhe betrug 3,18 m,
diejenige des zweiten Stockes 3,90 m, während die Höhe des dritten Stockes
nicht mehr festgestellt werden kann. Gewölbt war das Gebäude nirgends
(S. 9 u. ff.). Anders verhält es sich mit dem Keller und dem Erdgeschoß des
Ruprechtsbaues; beide waren gewölbt, und das Erdgeschoß war so aus-
gestattet, daß es bei den allmählich größer werdenden Ansprüchen an
die Wohnlichkeit der Räume bestehen blieb. Von den oberen Geschossen
konnten wir nur feststellen, daß ein solches in massiver Ausführung und
ein zweites darüber in Fachwerk vormals bestanden hatte (S. 45, Anm. 3,
Quaderkette der Nordwestecke S. 16). Die Reste der Wohngebäude trugen
mit Ausnahme des Ruprechtsbaues keinerlei Zeichen an sich, welche eine
Datirung zuließen. Der Ruprechtsbau war durch die Inschrift, welche Friedrich II. an ihm angebracht hatte, als von König Ruprecht erbaut bezeichnet.
Durch Untersuchung der Wappen haben wir gefunden, daß Ruprecht trotz
der Inschrift gar nicht der Erbauer des Hauses sein kann, daß dasselbe wahrscheinlich erst durch Ludwig IV. oder (wir werden später noch darauf zu-
rückkommen), wie Huffschmid jetzt will, Ludwig III. errichtet worden war.
Fügen wir noch bei, daß alle diese Bautheile in sich und mit einander verglichen ein durchaus einheitliches Gepräge zeigen, so war unser Schluß,
daß „die räumliche Ausdehnung, die ursprüngliche Lage des Schlosses auf
dem Bauplatze und die Art der Befestigung nie eine andere war, als wir
dieselbe jetzt noch aus den Resten erkennen können, daß der Bauplan von
vornherein ebensowohl die innere Mauer mit den Wohngebäuden, als auch
den äußeren Mauerzug mit den Thürmen einschloß und daß die Ausführung
mit gleichbleibenden technischen Grundsätzen zeitlich eine fortlaufende war,"
jedenfalls gerechtfertigt. Es lag uns völlig fern, aus all den festgestellten
technischen Befunden mehr als eine relative Zeitbestimmung zu entnehmen,
wir bezeichneten die ältesten Bauten als solche, welche vor den sicher datirten
des sechzehnten Jahrhunderts errichtet worden sind.

Uebersehen wir die gewonnenen Resultate, so steht zweifellos nur die
eben erwähnte relative Zeitbestimmung fest; halten wir damit zusammen,

daß die Festungsbauten früher als die Wohngebäude bestanden hatten, daß
sie jedoch nicht lange vor der Mitte des fünfzehnten Jahrhunderts entstanden sein konnten und daß sich an einem der Wohngebäude, dem
Ruprechtsbau, das unzweideutige Zeichen findet, daß er nicht vor dem
Jahre 1410 erbaut worden ist, so waren wir gezwungen, den Urkunden,
welche sich auf ältere Zeiten beziehen, den Zusammenhang mit der heutigen
Schloßruine abzusprechen. Ehe wir auf die schriftlichen Quellen und Ueberlieferungen selbst eingehen, wollen wir in großen Zügen noch einige der
späteren Schloßbauten besprechen, insofern dieselben durch uns eine andere
oder doch genauere Bestimmung ihrer häufig veränderten Gestalt oder ihrer
muthmaßlichen Entstehungszeit erfahren haben.

Im Krautthurm wurden später durch Friedrich IV. die Gebälke beseitigt, die jetzt so malerisch wirkenden inneren Gewölbe zum Zwecke der
Aufnahme des achteckigen Aufbaues eingezogen. Der zu Wohnzwecken be-
nützte Oberbau des Apothekerthurmes wurde von Friedrich IV. aufgeführt.
Die alte äußere Wallmauer dient dem östlichen Oekonomiebau und Otto-
Heinrichs-Bau als Fundament, ihre Schießscharten wurden zu Kellerlichtern
umgestaltet. An dem Glockenthurm konnten wir noch drei veränderte Formen
und ebensoviele Bauzeiten nachweisen. Der unterste Theil des runden Aufbaues mit reichem Sterngewölbe (oder Kugelgewölbe mit einschneidenden
Schilden), einem Kamin und hohen Fenstern, jedenfalls als Wohnraum be-
nützt, wurde von Ludwig V. errichtet, der oberste Theil des runden Aufbaues unter Zerstörung des Deckengewölbes und damit des Wohnraumes
sammt diesem durch Friedrich II. wieder zur Vertheidigung eingerichtet und
der Wohnraum in den mittleren, achteckigen Theil, welcher neu aufgeführt
wurde, verlegt (durch Leodius bestätigt), endlich sämmtliche Pfeiler und
Gewölbe im Innern des Baues zum Zweck der jetzt noch bestehenden achteckigen Erhöhung sammt dieser von Friedrich IV. erbaut.

Die Geschoßeintheilung, ein großer Theil der Façaden des Gläsernen-
Saal-Baues Friedrichs II. konnte von uns erkannt werden. Der Frauenzimmerbau wurde unter theilweiser Benützung des dort befindlichen größeren
älteren Gebäudes und unter Beseitigung des kleineren vermuthlich von
Ludwig V. erbaut. Er hatte über dem unteren, großen Saal sicher noch ein
massives und fast sicher ein zweites Obergeschoß aus Fachwerk. Von demselben
Kurfürsten, aber später als der Frauenzimmerbau wurde der Bibliothekbau
an diesen angefügt. Die Treppe und die jetzigen Obergeschosse des Ruprechtsbaues wurden ebenfalls von Ludwig V. errichtet. Die Oekonomie-
gebäude mit dem Soldatenbau, welcher an der Südwestecke eine Wendel-

treppe hatte, sind wahrscheinlich gleichfalls auf Ludwig V. zurückzuführen.
Der Ludwigsbau hatte ursprünglich Holzgebälke, die Gewölbe sind später
erbaut und noch später (unter Karl Ludwig) ein Theil der Façade. Friedrich II. war für die weitere Ausstattung der Wohnräume im Ruprechtsbau
besorgt; unter ihm fand auch die Aenderung der Bedachung und der Façaden
des Bibliothekbaues, soweit solche durch die erstere Maßnahme bedingt war,
und die Umwandlung des obersten Stockwerks des dicken Thurmes aus dem
Fachwerksbau in einen Steinbau statt. Auf die vor der Errichtung des
Altanbaues bestandenen Baulichkeiten, insbesondere auf die wahrscheinlich von
Johann Casimir, möglicherweise aber auch von Friedrich IV. erbaute
Thorburg haben wir in unserem Werke aufmerksam gemacht. Ferner haben
wir die Zeit der Errichtung des englischen Baues und die dadurch nöthig
gewordenen Bauveränderungen am ehemaligen Nordwall und Faßgebäude
festgestellt, auf die unter Friedrich V. im dicken Thurm eingezogenen Gewölbe
und auch auf die Unrichtigkeit der die Umgestaltung des obersten Stockwerks
dieses Thurmes beschreibenden Inschrift an demselben hingewiesen. Endlich
haben wir nicht unterlassen, annähernd die Erbauungszeit der später errichteten
Festungswerke (Nordbatterie von Friedrich IV., Kasematten auf der Ostseite,
Verstärkung des Westwalles von Friedrich V., Karlsschanze, Spitzkasematte
und Grabenkoffer von Kurfürst Karl) zu bestimmen und auch die unter den
letzten Kurfürsten vorgenommenen Bauveränderungen in Kürze anzuführen
(vgl. S. 127, 128 und 129).

. Nach unserer Publikation erschien als einzige Abhandlung, die ausschließlich der Schilderung des ganzen Schlosses gewidmet ist, der Führer
von A. v. Oechelhäuser. Wir können nicht finden, daß irgend etwas Neues
in Bezug auf die Baugeschichte des Schlosses darin gesagt ist. Im Hinblick auf
die von zwei Burgen redenden Urkunden hält der Verfasser an der Annahme
fest, daß eine ältere Burganlage an der Stelle des jetzigen Schlosses bestanden
habe, obwohl er zugeben muß, daß keinerlei Anhaltspunkte bei den technischen Untersuchungen zur Bestätigung dieser Annahme sich ergeben haben.

Für einen Teil der Schloßbauten und für die Zeit bis zum 16. Jahrhundert schreibt Huffschmid seine oben genannte Studie. Er stellt die fast
ausnahmslos schon an anderen Orten gedruckten Regesten zusammen und
versucht, teils die früher geltenden Ansichten zu stützen, teils die Ergebnisse
unserer Forschungen zu berichtigen.

Huffschmid ist der Meinung, daß wir die „Quellen" zu wenig beachtet hätten und deshalb in unserer Verlegenheit, alte Aufzeichnungen topographisch unterzubringen, in einigen Fällen zu eigenthümlichen Auswegen gelangt seien. Wir behaupten, daß, wenn wir die Quellen wenig beachtet hätten, wir durch dieselben auch nicht in Verlegenheit gekommen wären. Es bedarf wohl kaum der Versicherung, daß wir uns der Unvollständigkeit unserer Forschungen wohl bewußt waren. Auf der einen Seite der technische Befund, welcher für die ältesten Bauten keine andere als eine relative Zeitbestimmung ermöglichte, dazu die durch Vergleichung mit anderen Bauwerken gewonnene Ansicht, daß kein Theil der Schloßruine, wie sie jetzt noch besteht, vor das fünfzehnte Jahrhundert zurückdatirt werden kann — und auf der anderen Seite eine urkundliche Notiz, in welcher schon im Jahre 1368 von „zwo Festen über der Stadt Heidelberg gelegen" die Rede ist, dieser scharfe Gegensatz konnte uns nicht verborgen bleiben. Die sorgfältigste Prüfung des ganzen Baugeländes gab keine Spur von irgend welcher Bauthätigkeit, welche vor die von uns als älteste Bautheile erkannten Konstruktionen zurückverlegt werden konnte. Was blieb dann übrig, als den schriftlichen Aufzeichnungen, wie Huffschmid meint, „unkritisch" zu mißtrauen, d. h. bei dem vorläufig unauflösbaren Widerspruch zwischen den monumentalen und den urkundlichen oder literarischen Quellen zumal bei der Vieldeutigkeit der letzteren keine Vermittlung zu suchen, sondern die Ergebnisse unserer gewissenhaften technischen Untersuchungen in aller Schärfe hinzustellen.

Von den älteren Quellen redet schon eine aus dem Jahre 1305 von zwei Burgen (Mitth. d. Schloßv. Bd. II S. 47 ff., eine zweite im Jahre 1329 von „die obere und niedere Burg," noch andere 1338 von „Burg und Stadt und die obere Burg." 1355 von einem unteren Schloß, 1364 von beiden Burgen, 1368 von „zwo Festen Heidelberg über der Stadt Heidelberg gelegen" (Huffschmid, S. 15 Anm. 1). Die letztgenannte, uns bekannte Urkunde von 1368 bezeugt ausdrücklich, daß zwei Festen über Heidelberg lagen. Wo, sagt sie nicht. 1363 redet ferner eine Urkunde von der Burg auf „dem Geltenpogel uff Heidelberg". Wenn nun genau festzustellen wäre, welcher Ort zweifellos mit Geltenpogel bezeichnet wurde, und namentlich wenn unter Geltenpogel (Gettenbühel, Jettenbühl) nur die Stelle, an der heute das Schloß steht, verstanden werden könnte, so geben wir gerne zu, daß im vierzehnten Jahrhundert hier schon eine Burg gestanden habe. Wir müßten dann glauben, daß gegen alle Wahrscheinlichkeit auch der letzte Rest der so alten Burg spurlos verschwunden oder, was gerade so unwahrſcheinlich iſt, daß eine ſo vollkommen auf Verwendung von ſchwerem Geſchüß berechnete Feſtung ſchon im vierzehnten Jahrhundert gebaut worden ſei. Sehen wir aber weiter. 1456 beſteht auf der Burg „Gettenpuhel oder Heydelberg" eine „liberye". 1525 wird eine Wache für das Schloß „Gettenbuhel" beſtellt;[1]) bis hierher wiſſen wir noch nicht, welcher Ort mit Gettenbühl bezeichnet war. 1555 bezeichnet Peter Harer[2]) zweifellos das heutige Schloß mit „Gettenbuhell". Die Zeugniſſe aus den Jahren 1565 und 1456 ſind zwei Urkunden, diejenigen von 1525 und noch mehr 1555 ſind Erzählungen. Nehmen wir im Gegen- ſaß zu Huffſchmid an, in der Urkunde vom Jahre 1456 ſei mit Gettenbühl die Stelle der Burg, welche noch bis zum Jahre 1557 bei der Molkenkur ſich erhob, bezeichnet, ſo iſt nicht ausgeſchloſſen, daß 1525 und 1555 das damals ſchon von Ludwig V. zur gewaltigen Ausdehnung gebrachte heutige Schloß ebenfalls mit Gettenbühl bezeichnet worden iſt, denn füglich gehört der untere Bauplaß zu dem ganzen Bergrücken, auf dem die Molkenkur ſteht. Irenicus (1518) fol. 77 V drückt ſich ziemlich unklar aus, auf Grund ſeiner Angabe aber behauptet Leodius um 1555 (zuerſt herausgeg. bei Freher Orig. 1599 II p. 26): König Ruprecht habe im Auguſtinerkloſter gewohnt, weil die Gebäude auf dem Jettenhügel noch nicht fertig geweſen wären. Und hierauf geht wohl auch zurück die Stelle in einer „kurßen Beſchreibung der ur- alten Chur-Pfälziſchen Reſidenßſtadt Heydelberg", gedruckt 1693, wo S. 3 geſagt wird, daß König Ruprecht (1398—1410) „annoch den Jettenbühel oder Geiſtberg [ſo!] und das auf demſelben geſtandene alte Gebäu" be- wohnt habe. Ferner ſagt Jakob Micyllus (1541), daß der König die alte Burg bewohnt habe. Die Glaubwürdigkeit und Genauigkeit dieſer ſich widerſprechenden Quellen, auf denen allein eine genaue Ortsbeſtimmung be- ruhen könnte, dürfte, unter ſich verglichen, gleich groß ſein. Die Bezeichnung Jettenbühl (Gettenbühl) wird alſo einmal für das heutige, das anderemal für das Schloß bei der Molkenkur gebraucht. Das heutige Schloß wird auch für König Ruprecht als noch nicht bewohnbar bezeichnet. Halten wir damit zuſammen, daß nur leßtgenannte Erzählung mit unſerem Befunde ſtimmt, ſo dürfte es begreiflich ſein, wenn wir vorgezogen haben, keine weitere Hypotheſe aufzuſtellen, wo die beiden in

---

1) Chronik des Bauernkriegs — Verf. unbekannt (Huffſchmid ſagt in Anm. 5 S. 11 Peter Harer) — in Mone, (Quellenſ. 3, 547. Nach Mone 3, 540 wurde dieſe Chronik von Gnodalius in ſ. Geſch. des Bauernkriegs benüßt, ſtellenweiſe nur einfach ins La- teiniſche überſeßt. Gerade ſo hat es Harer gemacht. Beide nennen den eigentlichen Verfaſſer nicht. Das Verderben der Ortsnamen iſt für beide charakteriſtiſch.

2) Peter Harer lebte von 1490?—1550? und war Sekretär und Rath Kurfürſt Ludwigs V. Roſenb. S. 93.

jenen Urkunden bezeichneten Burgen zu suchen wären, sondern nur versuchten, die jetzt noch vorhandenen Ruinen zu bestimmen und zeitlich zu ordnen.

Die Resultate, welche Huffschmid für die einzelnen Bauten gewinnt, könnten nur dann bestehen, wenn die Glaubwürdigkeit der an den Ruinen selbst gefundenen erschüttert würde. Wir werden deshalb zuzusehen haben, ob überhaupt und wie weit dies dem Verfasser gelingt.

1. Der königliche oder große Saal.

Huffschmid glaubt, daß zwischen den Jahren 1417 und 1426 an der Stelle des Frauenzimmerbaues[1]) der Hauptraum des Schlosses lag und daß Friedrich der Siegreiche denselben zum „königlichen Saal" umbauen ließ. Wir haben gefunden, daß der Frauenzimmerbau die Reste eines älteren mit Holzgebälken versehenen Gebäudes einschließt; er selbst ist in weitaus größeren Abmessungen und veränderter Richtung aufgebaut. Wegen der Uebereinstimmung baulicher Einzelheiten mit solchen an anderen sicher datirten Bauten bezeichneten wir Ludwig V. als vermuthlichen Bauherrn. Huffschmid bestreitet diese Annahme nicht. Es gäbe folglich nach ihm drei Bauzeiten, erstens in der Zeit 1417—1426 — Hauptraum — zweitens einen ersten Umbau von Friedrich dem Siegreichen und endlich einen anderen Umbau, dessen Reste wir heute noch sehen, von Ludwig V. Es ist aber unrichtig, daß das erste Gebäude der bedeutendste Raum im Schlosse war. Das Haus, welches an der Stelle des Gläsernen-Saal-Baues stand, war weitaus größer. Eine Erweiterung oder ein Umbau des ersten Gebäudes hat nur einmal stattgefunden. Wenn Huffschmid sich die Mühe gegeben hätte, unsere Publikation genau zu studieren, wäre es ihm nicht entgangen, daß zwischen jenem ersten Gebäude und dem Vergrößerungsbau Ludwigs V.

---

1) Huffschmid ist mit den neuerdings nach den Feststellungen von Seitz (Mitth. d. Schloßv. Bd. I S. 222 u. ff.) von den meisten Schriftstellern und auch von uns angenommenen Bezeichnungen der einzelnen Gebäude nicht überall einverstanden. Sicher ist, daß zu Karl Ludwigs Zeiten von Beamten und Baumeistern in amtlichen Schriftstücken die Namen gebräuchlich waren. Auf Näheres wollen wir hier nicht eingehen; zum „Gläsernen Saal" jedoch wollen wir bemerken, daß, wenn dieser der mit Spiegeln belegten Wände wegen so genannt worden wäre (gespiegelter Saal), die sehr ausführlichen Bauakten wohl irgendwo davon Zeugniß gäben. Wenn die Decke zerstört worden ist, dürften auch die Spiegel nicht unbeschädigt davon gekommen sein. Für viel natürlicher halten wir die Beziehung des Namens zu den für damalige Verhältnisse sehr großen, ungetheilten Fenstern, umsomehr als man zu den Fenstern in den Kurfürsten Gemach noch Oelpapier nahm (a. a. O. S. 181 Nr. 48) und ausdrücklich Spiegelscheiben im Gegensatz zu anderen hervorgehoben werden (a. a. O. S. 185 Nr. 79).

keine weitere Bauthätigkeit mehr nachgewiesen werden kann.[1]) Die Konstruktionen beider Bautheile sind in sich durchaus einheitlich, und die Vermuthung, daß man den Umbau Friedrichs I. bis auf die Ueberreste des
ersten Baues entfernt hätte, um alsdann auf diese einen neuen vergrößerten
Bau von Ludwig V. aufzusetzen, dürfte auch Huffschmid nicht aussprechen
wollen. Wenn Friedrich I. das erste Gebäude an der Stelle des Frauenzimmerbaues verändert und vergrößert hat, so sind die Ueberreste
dieses Vergrößerungsbaues die heutigen Ruinen des
Frauenzimmerbaues. Dies behauptet Huffschmid jedoch nicht, noch
weniger bringt er einen Beweis dafür. Einen solchen Beweis würden wir
freudig begrüßen. Er würde unsere positiven Resultate nach keiner Seite
hin weniger werthvoll machen oder alteriren und wäre geeignet, namentlich
in Bezug auf die Kenntniß der Formensprache und deren Zeitdauer fördernd
zu wirken.

Wir wollen die Zeugen Huffschmid's jetzt etwas näher ansehen.[2])

1417—1426
Regest Nr. 17
bei Huffschmid

Chronik des Klosterbruders Nikolaus Glaßberger, geschrieben 1508!
„Die Pfalzgräfin Mechtilde sah, nach vollendetem Frühmahl mit dem Fürsten
selbst im Palaste der Burg sich ergehend, die Franziskaner in ihrem Kloster
kriegerische Spiele treiben." (In welcher Burg, ist nicht gesagt. Von der
Höhe der Molkenkur könnte man dieses Treiben auch gesehen haben. Von
jedem anderen Ort, speciell von dem Gebäude bei dem Glockenthurm in
der unteren Burg natürlich auch. Leger glaubt, daß der Raum über der
Kapelle lag.)

1456 Reg. 24

Peter Luder's Lobrede. Ein zweigipfliger Berg ragt über die Stadt
empor, auf dessen Gipfel sind zwei Burgen erbaut, mit reichgeschmückten
Wohnungen, ungeheuer hohen Mauern, Thürmen und Vorwerken. Letztere
und die Beschaffenheit des Ortes dienen dem Feind zum Schrecken, „denn
wer könnte die bloße Größe der Gebäude oder der andern Burg [welcher
von beiden?] aufzählen, da allein die „aula", die man die königliche
nennt, mit Aufstellung der Säulen von so großer Schönheit, der Wände
Ausschmückung, dem strahlenden Glanz der Getäfel erbaut ist, daß sie nicht
nur jeden noch so großen König aufnehmen, sondern auch ergötzen kann."

(Diese Stelle ist ein schönes Feld für beliebige Deutung. Merian in
dem erklärenden Text zu seiner Zeichnung bezieht sie auf die ganze Burganlage ohne zu sagen, auf welche von beiden.)

---

1) Mit Hilfe unserer Zeichnungen und Beschreibungen sind die Thatsachen leicht
an Ort und Stelle zu kontroliren. Das Wesentliche liegt meist über der Erde.

2) Den Originaltext der Quellen möge man bei Huffschmid oder an anderen
Orten, wo dieselben schon vorher gedruckt sind, vergleichen.

1462 Reg. 26 Michael Beheim's 1469 begonnene Reimchronik. Der gefangene Markgraf Karl I. von Baden wird auf das Schloß geführt und „in dem kunglichen sale behuetet oberale." [Auf welches Schloß?]

1463 Reg. 27 Speier. Chronik. Es lagen der Markgraf von Baden und Graf
Ulrich V. von Württemberg gefangen „in der gewelbten stoben off der
burge zu Heidelberg," sowie:

Michael Beheim. Dieselben lagen „under eynem großem gewelb des
kunglichen sales; derselb sal stuend in dem schloß Heydelbergk." [Oberes
oder unteres Schloß?]

Der Zeit nach könnten nur d i e s e Stellen sich auf ein Gebäude, welches zur Zeit Friedrichs I. (starb 1475) schon bestanden haben muß, beziehen.
Wir sehen, daß dieselben durchaus unklar sind in Bezug auf die Bezeichnung einer Situation. Sie widersprechen aber auch ganz direkt unseren
Feststellungen an den Ruinen. In der ersten Periode gab es, abgesehen
von den Thürmen, nur e i n Haus, welches im Innern Gewölbe hatte,
den Ruprechtsbau; alle anderen, speciell auch das ältere Gebäude an Stelle
des Frauenzimmerbaues, hatten Balkendecken. Es war auch nicht das größte
Gebäude; sowohl der Ruprechtsbau als auch das Gebäude, welches an
Stelle des Gläsernen-Saal-Baues stund, waren weitaus größer. Beziehen sich
obengenannte Regesten, was durchaus nicht erwiesen ist, auf das untere
Schloß, so könnte nur der Ruprechtsbau in ihnen gemeint sein.

Huffschmid verbindet mit den vorstehenden Regesten noch folgende
spätere:

1481—1482
Regest Nr. 32 Heidelberger Ms. Schr. 359 n. 83, enthält keine Silbe von einem
königlichen Saal.

1489 Reg. 83 Ann. univ. 3, 296 v., redet von einer nova aula in castro.

1494 Reg. 35 Jakob Wimpfelings sechs Gespräche zum Lob des Pfalzgrafen Philipp
werden in einem magnifico palacio arcis Heydelbergensis vorgetragen.

1507 Reg. 36 Der Reisebericht des Antoine de Lalaing, späteren Grafen von Hoog-
straeten, spricht von vier Steinbauten mit Schieferdächern. Dieses Regest
könnten wir für unsere, auf anderem Wege gewonnenen Resultate in Anspruch nehmen. Es wären die vier Steinbauten: 1) das Gebäude, dessen
Reste wir in dem Ludwigsbau fanden, 2) dasjenige an der Stelle des
Gläsernen-Saal-Baues, 3) das Gebäude, von dem noch Teile in dem
Frauenzimmerbau stecken und der wahrscheinlich — bei gleicher Tiefe —
unter einem Dach mit demselben befindliche Kapellenbau und 4) der Ruprechtsbau.

1508 Reg. 37 erzählt Leodius von einem Reiterkunststückchen des späteren Kurfürsten
Friedrichs II., bei welchem dieser durch das Thor — der alte Thorthurm,

welcher damals noch bestand, befand sich, wie wir gefunden haben, an der Südmauer des Ruprechtsbaues — reitet und plötzlich sein Pferd parirt . . .
. . . . Leodius war ca. 1495 geboren, also zur Zeit des Ereignisses ca. 8 Jahre alt. Geschrieben hat er die Erzählung nicht vor 1546 (vergl. Huffschmid S. 24). Ganz abgesehen davon, daß nirgends zu ersehen ist, ob der Ort, an welchem die aula major stand, gerade an der Stelle des Frauenzimmerbaues zu suchen ist, scheint uns viel natürlicher anzunehmen, daß Leodius seinem Herrn zu Gefallen das Geschichtchen nach Hörensagen berichtet und die neue von Ludwig V. 1508—1544 geschaffene Situation als Schauplatz dafür genommen hat. (Man lese nur nach, was andere Schriftsteller z. B. Leger für phantasievolle Erzählungen mit bestimmten, ganz sicher viel später entstandenen Lokalitäten in Verbindung brachten.)

1510 Reg. 30 In Nauclerus Memorabilia ist wieder von einem palatio novo die Rede. Ist dies noch die nova aula in castro von 1489 oder einer der neuen Bauten Ludwigs V.? Wir wissen es nicht, und Huffschmid hat uns auch keine Klarheit darüber gegeben.

1530 Reg. 48 Peter Harer beschreibt die Hochzeit Friedrichs II. in dem „großen Sal" und meint damit zweifellos den Raum im Frauenzimmerbau, welchen Ludwig V. damals schon gebaut hatte.

1552 Reg. 50 Cisner bezeichnet einen Raum weder der Form noch der Lage nach.

1552 Reg. 60 Leodius nennt den Festraum, den Saal im Frauenzimmerbau, bei der Hochzeit des Grafen Ph. v. Hanau aula major.

1550—1659
Regest Nr. 67 Verzeichniß der Bilder in dem Königssaal. Hier ist also von dem Jahre 1463 ab zum erstenmal wieder von einem königlichen Saal die Rede. Leider kann man aber nicht daraus entnehmen, welchen Raum man darunter verstand.

Im Jahre 1604 (vgl. Mitth. des Schloßv. Bd. I S. 33) wurde der „Königssaahl" dem Sebastian Götz zum Zweck der Bearbeitung seiner Figuren eingeräumt. Wo er lag und wie er aussah, steht nicht geschrieben.

Versucht man einen Zusammenhang in all diesen Regesten zu finden, so kann man auf sehr verschiedene Möglichkeiten kommen:

1) Die Regesten 24. 26. 27. beziehen sich auf das Schloß bei der Molkenkur, ebenso diejenigen 33. 35.

2) Die in Reg. Nr. 24 gerühmte aula, die königliche genannt (aus Nr. 17 können wir mit dem besten Willen gar nichts entnehmen), unter welcher in gewelbter stoben [1] (Nr. 26. 27) die fürstlichen Gefangenen saßen,

---

[1] Wenn Friedrich I. den Frauenzimmerbau zu seiner heutigen Gestalt umgebaut hätte, würde „gewelbte stoben" wohl kaum als geeignete Bezeichnung für den sehr großen Kellerraum unter jenem angesehen werden können.

war im ersten Obergeschoß des Ruprechtsbaus. Die aula major, der große Saal des Leodius, ist zweifellos das Erdgeschoß des von Ludwig V. erbauten Frauenzimmerbaues. Es ist aber nirgends erwiesen, daß der königliche Saal und die aula major ein und denselben Raum bedeuteten.

Nova aula, palacium novum, palacium magnificum bezeichnen denjenigen Bau, welchen die Zeitgenossen für den jüngst errichteten betrachteten, bezw. einen nach der Ansicht des Schreibers prächtigen Bau.

Wenn Huffschmid will, daß man im Jahre 1510, 35 Jahre nach Friedrich des Siegreichen Tod, einen von ihm erbauten Palast den „neuen" genannt habe, so kann man mit nicht viel weniger Berechtigung den nach unserer Meinung von Ludwig IV. (gest. 1449) errichteten Ruprechtsbau im Jahre 1489 mit „neuem Hof" (Palast, Saal) und in jedem Zeitpunkt, also auch 1498 „prächtigen Palast" bezeichnet haben. Ohne jeden Zwang kann man unter dem „neuen Palast" vom Jahre 1510 Ludwigs V. (1508 — 1544) Schöpfung begreifen.

Der Königssaal vom Jahre 1556, in welchem die Bilder hingen, war im Ruprechtsbau. Der große Saal im Frauenzimmerbau wäre wohl einer der letzten Räume gewesen, welcher sich für Bilder geeignet hätte, wenn man von diesen etwas hätte sehen wollen. Es kann aber auch Friedrichs II. Saal im Gläsernen-Saal-Bau damit gemeint sein, umsomehr als man Räume mit hochtrabendem Namen („Kaisersaal" im Otto-Heinrichs-Bau) sonst auch noch findet. Unschwer ließen sich noch mehr Varianten finden.

Man wird deshalb begreifen, daß wir im Ganzen mißtrauisch verfahren sind und lieber nur das glaubten, was wir mit den Augen zu sehen in der Lage waren.

2. Die Schloßkapelle.

Von der älteren Schloßkapelle, welche bei Errichtung des Friedrichsbaues abgerissen wurde, konnten, wie schon oben erwähnt, von uns keinerlei Spuren mehr gefunden werden. Unsere Aufgabe hatten wir mit der Erforschung der jetzt noch vorhandenen Ruinen begrenzt, es ist daher nicht unsere Sache, Huffschmid in seinen an vielen Stellen erstaunlich detaillierten Raumerklärungen zu folgen. Ob die Marienkapelle und die St. Ulrichskapelle zu verschiedenen Zeiten in demselben Gebäude untergebracht waren, ob eine Sakristei an die Kapelle anstieß und ob gar die letztere mit vier Kreuzgewölben überspannt war, ist uns gänzlich verschlossen. Ebenso müssen wir darauf verzichten, die Richtigkeit der Schlüsse Huffschmids über die Lage der Schatzkammer und des Bades anzuerkennen.

3. Der sogen. Ruprechtsbau.

Wir hatten aus den Wappen an den Schlußsteinen der Gewölbe den Beweis erbracht, daß der Bau trotz der Inschrift Friedrichs II. nicht von König Ruprecht erbaut sein kann. Das Allianzwappen (Pfalz-Bayern und Brandenburg-Zollern) konnte erst vom Jahre 1415 an Sinn haben. Das französisch-englische Wappenschild ist das Zeichen der ersten Frau Ludwigs III. Ruprecht starb aber schon 1410.[1]) Dieses Resultat war eine Verneinung aller bis jetzt bestehenden Ansichten. Sicheres, wer nach Ruprecht den Bau errichtet habe, konnten wir nicht finden. Um nicht mit einem negativen Ergebniß abzuschließen, sahen wir uns nach anderen, wie wir gern zugeben, nicht unbedingt zuverlässigen Vergleichsobjekten um. Wir fanden gewisse Beziehungen zwischen der Heiliggeistkirche und dem Bau und auch im Leben des Kurfürsten Ludwig IV. manches, was sich mit der Symbolik des Schlußsteins über der Eingangsthüre nach unserer Deutung desselben vergleichen ließ. Deshalb sprachen wir die Vermuthung aus, daß Ludwig IV. der Erbauer sei. Huffschmid kann nun zwar die Richtigkeit unserer Schlüsse aus den Wappen nicht bestreiten — und das ist für uns das Wesentliche an der Sache —, dagegen will er Ludwig III. als Bauherrn, weil Ludwig IV. doch nicht gegen allen Brauch das Wappen der ersten Frau seines Vaters angebracht hätte. Eine strenge genealogische Reihenfolge ist jedoch bei den Wappen nicht zu bemerken (es fehlt das Wappen der Großmutter Ludwigs III., Elisabeth, Tochter des Markgrafen Friedrich von Meißen), und kann deshalb der Vergleich mit dem Bilde im Lehenbuch Friedrichs I. und Ludwigs V. nicht wohl gelten. Ob aber schon damals die Stiefmutter zu ehren ungebräuchlich war und ob Ludwig IV. sich nicht vielmehr auf die Verbindung seines Hauses mit dem englischen Königshause trotz jener etwas zu gute that, hat Herr Huffschmid nicht erwiesen. Wir haben immerhin noch die Ergebnisse der Untersuchungen über jene Beziehungen zwischen der Heiliggeistkirche und dem Ruprechtsbau für unsere Vermuthung und bleiben einstweilen dabei stehen, bis Huffschmid oder ein Anderer etwas Besseres als auch nur eine Vermuthung ins Feld führen kann.

4. Die Thürme und Thore.

Huffschmid bringt uns hiezu durchaus nichts Neues. Das Spiel, welches er mit den Citaten nach Koch (Grundriß des Heidelberger Schlosses, in der

---

1) v. Oechelhäuser hält zwar den Hinweis auf die Wappen für richtig, zweifelt aber an der Unrichtigkeit der Schrifttafel. Er sucht den Widerspruch zu heben, indem er die jedem Techniker ohne Weiteres klare Einheitlichkeit der Ostfaçade nicht erkennt. Wir verweisen auf S. 14—16 unseres Werkes und das, was oben S. 156 auszugsweise mitgetheilt wurde.

Brunnenhalle aufgehängt) und v. Oechelhäuser, „Das Heidelberger Schloß"
anstellt, ist uns merkwürdig erschienen. Koch hat auf seinem Grundriß nichts
anderes, als in dem von ihm mitbearbeiteten Werk steht, geschrieben, und
v. Oechelhäuser hat ohne Begründung einzelne Daten, welche wir mit
„1400?" oder „vor dem 16. Jahrhundert" bezeichneten, mit der „Mitte des
15. Jahrhunderts" oder „etwa in der Mitte des 15. Jahrhunderts" um-
schrieben. Er stellt sich dabei offenbar auf den Boden der von uns zuerst aus-
gesprochenen Ansicht, daß die Festungsbauten nicht viel vor die Mitte des
15. Jahrh. zurückdatirt werden können. Wir umgrenzen den Zeitraum vor-
sichtig etwas weiter, v. Oechelhäuser etwas enger. Die Priorität der unge-
fähren Zeitbestimmung überhaupt müssen wir aber für unser Werk in Anspruch
nehmen und hätten von dem Historiker — wenn er unser Werk eingehend
studirt hat — auch die Anerkennung dieser Thatsache erwarten können.[1]

5. Das Zeughaus.

Hierfür gilt das Gleiche wie für Abschnitt 4 (Thürme und Thore). Wir
finden darin aber auch die Erklärung für manche Huffschmid und vielleicht

---

[1] Bei dieser Gelegenheit wollen wir noch einige Unrichtigkeiten in v. Oechelhäuser's
Führer richtig stellen: In Seite 52 des Führers, wo für den Ruprechtsbau drei Bau-
perioden angegeben sind, ist zu erwähnen, daß die südliche und westliche Umfassungs-
mauer von der Fundamentsohle an bis einschließlich Erdgeschoßhöhe der ursprünglichen
inneren Zwingermauer angehören, also die ältesten Bautheile sind und daß die übrigen
Fundamente mit dem Kellergewölbe (Weinkeller der Schloßrestauration), sowie die übrigen
Erdgeschoßwände mit den Gewölben, also ein Ueberbleibsel des ersten Obergeschosses an
der Nordwestecke gleichzeitig, aber später als jene Bautheile zur Ausführung gekommen
sind und somit die mittlere Bauperiode bilden (vgl. S. 11—16). — Auf S. 63 und 70
ist gesagt, daß im dreißigjährigen Kriege das steile, vierseitige Dach des Bibliotheks-
baues heruntergebrannt und unter Karl Ludwig durch ein Satteldach ersetzt worden sei.
Dieses Satteldach ist bereits unter Friedrich II. aufgesetzt worden (vgl. S. 69 u. ebenda
Anm. 1 und 2). — Bei der Beschreibung des Faßgebäudes ist auf S. 78 nur von einem
Balkon die Rede, während solche auch auf der West- und Ostseite von uns nachgewiesen
werden konnten (vgl. S. 90). — Die Eingänge in das untere Geschoß des dicken Thurmes
(S. 83) sind nicht „rund," sondern spitzbogig oben abgeschlossen (vgl. S. 51). — Auf S. 83
ist erwähnt, daß die Wendeltreppe im dicken Thurm nicht bis zum untersten Geschoß
hinabgeführt habe; unsere Abbildung Fig. 12 S. 27 zeigt, daß diese Treppe bis dorthin
hinabgeführt war, jedoch in den Verbindungsgang des Nordwalles mündete. — Wie
Leger, macht auch der Führer S. 109 darauf aufmerksam, daß ursprünglich sechseckige Erker
an den Ecken des Altans angebracht gewesen seien. Diese Ansicht ist unrichtig (vgl.
S. 119); den Ausdruck „reizlos" verdienen übrigens die Erker kaum! — In S. 113 ist
zu bemerken, daß die Steinirug auch um den Treppenanbau des Glockenthurmes herum-
geführt ist, und ferner, daß Buckelquader auch noch an den Bauten Ludwigs V. vor-
kommen, z. B. an der Nordostecke des Zeughauses und der Nordwestecke des Bibliothekbaues (vgl. S. 29 und 44). — Auf S. 114 ist der Verfasser des Führers der Ansicht, daß
die Löwenköpfe am Faßbau später eingesetzt seien: dieselben stammen aus der Zeit
der Erbauung dieses Gebäudes (vgl. S. 90).

auch Anderen eigenthümliche Unbefangenheit in Wahrscheinlichkeitsschlüssen.
In der Zeughausmauer ist ein Stein eingemauert, welcher auf zwei ge-
trennten Stücken die Zahl 19 zeigt. Huffschmid (S. 61) fügt dazu aus
eigener Phantasie 15 und erhält ganz richtig 1519. Der Stein ist jedoch nichts
anderes als ein Stück Baumaterial, irgendwoher genommen und ganz un-
zweideutig mit den umliegenden Steinen dazu verwendet, ein zu irgend
einer, aber zweifellos späteren Zeit, entstandenes Loch zuzumauern. Die
Thatsache ist so augenfällig, daß sie auch ein Nichttechniker erkennen müßte.
(In dem Höfchen beim Frauenzimmerbau und Saßbau liegt unter dem Boden
umgekehrt eine große Steinplatte mit der vollständigen Zahl 1519; wir
haben dieselbe ruhig wieder an ihren Ort gelegt, ohne irgend einen Schluß
daraus zu ziehen.)

Ebensowenig Neues bieten die von Huffschmid unter 6, 7, 8 und 9
aufgeführten Erläuterungen zu anderen Schloßbauten.

Wir haben in unserem Werke S. 150 ausgesprochen, daß „der urkundliche Beleg die schwächste Seite der Baugeschichte des Schlosses darstellt."
Dieselbe Meinung haben wir heute noch. Die schriftlichen Quellen, welche
bis jetzt bekannt sind, stimmen in den meisten Fällen nicht mit dem technischen
Befund überein, sie lassen mancherlei Deutung zu, und das Arbeiten mit
ihnen kommt uns vor wie die Beschäftigung mit einem Kaleidoskop. Bei
jeder Drehung ändert sich das Bild, und der geringste Stoß läßt es zu-
sammenfallen. Es fehlt an vielen Orten noch außerordentlich viel, bis uns
die Bauherrn bekannt und die Erbauungszeiten mit einiger Sicherheit fest-
gelegt sind. Welche Meister an den Bauten beschäftigt waren und wie weit
des Einzelnen Bethätigung ging, welches Aussehen viele Innenräume hatten
und noch vieles andere, was alles zu einer vollständigen Baugeschichte gehört, ist uns meist noch verhüllt. Heute noch giebt es Leute, welche den
Otto-Heinrichs-Bau mit den Bauten der italienischen Renaissance in engste
Beziehung bringen möchten. Der Versuch, aus der allgemeinen kulturellen,
wirthschaftlichen und politischen Lage einen Schluß zu ziehen, ob es dem
Kurfürsten, abgesehen von ihrer persönlichen Neigung, überhaupt möglich
war, zu bauen oder in bestimmter Art zu bauen, ist in ernsthafter Weise
von den Historikern noch nicht einmal unternommen.

Wer hat die Fassade des Otto-Heinrichsbaues entworfen?

Von

Theodor Alt in Mannheim.

Max Bach's Beitrag „Zur Baugeschichte des Otto-Heinrichsbaues" gibt mir erwünschte Veranlassung, nach zwölfjähriger Pause den genannten Gegenstand noch einmal zu behandeln. Erstmals geschah dies im Januar 1884 in der Lützow'schen Zeitschrift für bildende Kunst. Jene Arbeit von mir, welche Max Bach nun in diesen „Mittheilungen" — wie schon früher in der obigen Zeitschrift — einer theilweise berechtigten Kritik unterzogen hat, war wohl die erste neueren Datums, welche die Frage eingehend behandelte. Seitdem sind erschienen die Abhandlung von Josef Durm (im Centralblatt der Bauverwaltung Jahrg. 1884, No. 1—4); diese „Mittheilungen zur Geschichte des Heidelberger Schlosses" Band I und II (Heidelberg 1886 und 1890) und Bd. III, Heft 1 (1893) unter hauptsächlicher Mitwirkung von Prof. Dr. Karl Zangemeister, Architekt Fritz Seitz, David Ritter von Schönherr und Prof. Dr. Adolf v. Oechelhäuser; das offizielle Werk der Großh. Badischen Schloßbaukommission; der Führer „Das Heidelberger Schloß" von A. v. Oechelhäuser. Ein ganzer Generalstab von berufenen Gelehrten und Technikern also ist zur regelrechten Belagerung der Festung übergegangen, deren Hauptbastion ein jugendlicher Autodidakt damals im Sturme zu nehmen gehofft hatte. Schon lange war es mein Wunsch, die unvermeidlichen Verluste bei jenem Sturme, Irrthümer und gewagte Behauptungen, durch ein rückhaltloses Eingeständnis zu beseitigen. Ich danke den Herren Herausgebern dieser Zeitschrift, daß sie mir den Raum und die geeignetste Stelle dazu gewährt haben.

Die von mir s. Zt. aufgestellte Hypothese, daß wir in dem Bildhauer „Anthonj" (welcher im Vertrage mit Alexander Colin vom 7. März 1558

erwähnt wird) den künstlerischen Urheber der Faſſade des Otto-Heinrichsbaues zu erblicken hätten, iſt von keinem der genannten Gelehrten als
erwieſen angenommen worden. Dies iſt meines Wiſſens nur geſchehen von
Robert Dohme in der „Geſchichte der deutſchen Kunſt", Abth. I: Geſchichte
der Baukunſt (Berlin 1887 bei G. Grote) S. 550. Ich geſtehe gerne,
daß ich heute wünſchte, meine Beweisführung wäre auch dort für weniger
ſtichhaltig angeſehen worden. Allein die Beweisführung Bach's, daß
Alexander Colin ſelbſt der Urheber der Faſſade wäre, iſt genau ebenſo
unſtichhaltig, ja ſogar ſicher falſch. In der That iſt auch bisher von den
vorgenannten Gelehrten keiner mit dieſer letzteren Anſicht hervorgetreten,
obgleich dieſelben ſich ſchon vor Jahren im Vollbeſitze aller Beweisſtücke
befunden haben, welche jetzt in Händen Bachs ſind. Von der Trüglichkeit
aller Beweisführungen durch Stilkritik in unſerer Frage hat ſich wohl
nachgerade jeder überzeugt, der ſich eingehend mit derſelben beſchäftigte.
Wir müſſen uns daher beſtreben, den ſicheren Boden der Urkunden ſo
wenig als möglich zu verlaſſen, wie es ja auch Bach anfangs angeſtrebt hat.

Der Vertrag des churfürſtlichen „Pfeningmeiſters" mit Colin vom
7. März 1558 iſt zu betrachten als der erſte und urſprüngliche
Anſtellungsvertrag des Künſtlers, als deſſen Engagementsvertrag.
Würde nicht ſchon der Inhalt des Vertrags und die Solennität des Aktes
ſeiner Abfaſſung für dieſe Annahme ſprechen, ſo wäre ſie bewieſen durch
den Umſtand, daß die churfürſtliche Rechenkammer ſich dieſen Vertrag und
keinen andern zum Muſter vorlegen ließ, als ſie im Januar 1604 im
Begriffe ſtand, den Sebaſtian Götz von Chur als Bildhauer für den Friedrichsbau anzuſtellen. Eine Kopie deſſelben ließ ſie ihren Akten bei-
regiſtriren, und dieſem Umſtand verdanken wir die Bekanntſchaft mit ihm.
Nun enthält der Vertrag ein Poſtſkriptum („Na."), in welchem von
einem „vorigen Geding" geſprochen wird. Bach folgert hieraus, „daß
ſchon vorher mit Colin — und „wahrſcheinlich auch mit Anthonj" — ein
Vertrag abgeſchloſſen wurde". Nun bemerke man aber, daß es ſich hier
um ein Poſtſkriptum („Nota") handelt. Es iſt doch ganz unnatürlich, ein
ſolches auf einen anderen, vorausgegangenen Vertrag zu beziehen, anſtatt
auf denjenigen, welchem es angehängt iſt. Dieſer iſt vielmehr im Verhältniß zur „Nota" das „vorige Geding". Die vorerwähnten Umſtände
heben jeden Zweifel an dieſer ohnedies einfachſten Auslegung auf. Wenn
dem aber ſo iſt, dann folgt ſchlüſſig, daß Colin nichts von dem gemacht hat, was im Vertrage als bereits vorhanden bezeichnet iſt.

Otto Heinrich bestieg den Churfürstenthron im Februar 1556; er starb 1559. Genau zwei Jahre nach Otto Heinrichs Thronbesteigung also ist Alexander Colin nach Heidelberg gekommen. Was war in diesen zwei Jahren geschehen? Urkundlichen Aufschluß darüber besitzen wir außer dem Vertrage nicht. Wir müssen aber doch wohl annehmen, daß bis dahin eben dasjenige geschehen ist, was im Vertrage als schon vorliegend bezeichnet wird. Gemäß einer Mittheilung von Abraham Colin, dem Sohne Alexanders (abgedruckt in den „Mittheilungen zur Geschichte des Heidelberger Schlosses" II, S. 60 Anm.), ist der Bau Otto Heinrichs infolge von dessen Ableben, und jedenfalls bald darauf, eingestellt, und ist Alexander Colin sammt seinen zwölf Gesellen in seine Heimat Mecheln entlassen worden. Von dort kam er 1562 nach Innsbruck. Demnach kann seine Thätigkeit in Heidelberg nur zwei Jahre gedauert haben. Daß sie nicht bis zur vollständigen Fertigstellung des Baues dauerte, muß wohl angenommen werden (vgl. Bach oben S. 141). Andrerseits wird man es aber als wahrscheinlich bezeichnen dürfen, daß die erprobten Werkleute auch nach dem Tode Otto Heinrichs nicht eher entlassen wurden, als bis wenigstens die Fassade fertiggestellt war. Demnach ist es unwahrscheinlich, daß, wofür auch sonst alle Anhaltspunkte fehlen, nach Colin noch ein anderer Meister entscheidenden Einfluß auf die ursprüngliche Gestalt der Fassade gewonnen hat. Der Vertrag bezeichnet die Aufgabe, zu deren Lösung er nach dem Bildhauer Anthonj und zunächst lediglich an Stelle desselben, als Bildhauer, von Otto Heinrich an den Bau berufen wurde. Daraus folgt, daß Colin dann nicht der Urheber des baulichen Gedankens der Fassade sein kann, wenn dessen Bestand aus dem Vertrage schon im Wesentlichen hervorgeht. Denn darum handelt es sich, wer den Plan zu der Fassade, zu dem architektonischen Gebilde, gefaßt und künstlerisch festgestellt hat; wer das reizvolle und originelle System der Pilaster, Fenster und Figurennischen erfunden, das Portal angeordnet und den außerordentlich reichen, aber dennoch wohlvertheilten Bildschmuck geplant hat. Daß dieser Schmuck größtentheils, vielleicht sogar ganz, von Colin ausgeführt wurde, das wissen wir ja.

Nach der Vertragsurkunde handelt es sich um die Vollendung einer bereits angefangenen, bereits in der Ausführung begriffenen Sache; genauer: um die Fertigstellung eines bis zum zweiten Stockwerk gediehenen Baues und um die Ausstattung desselben mit umfänglichem Bildwerk, dessen Erstellung bereits vorgesehen war. Im

Einzelnen verlangt der Vertrag von Colin, dieser solle d a s W a p p e n über der Einfahrt des Thores und d i e v i e r S ä u l e n in den beiden Haupträumen des ersten Stockes „zum fürderlichsten und zum ehesten" hauen lassen, d a m i t m a n w e i t e r a r b e i t e n k ö n n e, wozu sie not= wendig e r f o r d e r t seien (Durm a. a. O. S. 17 ebenso). Er solle alle Bildhauerarbeit, welche zu diesem neuen Hofbau „v o l l e n d s" gehöre, übernehmen. Er solle sie übernehmen nach den v o r h a n d e n e n detaillirten Planzeichnungen („Visirungen"). Von solchen Visirungen sind aufgezählt außer den für das Innere bestimmten „Thürgestellen" und Kaminen: „Die zwei größten Bilder in beiden Gestellen"; die „sechs Bilder ob den Ge= stellen", jedes von fünf Schuhen; „vierzehn Bild, jedes um 28 Gulden zu hauen"; 14 Fensterpfosten; endlich „fünf große Löwen" — alles und jedes „vermög Anzeig und Visirunge". Auch bei den Thürgestellen wird immer aufs Neue erwähnt, daß die Visirung vorliege. Colin solle endlich das T h ü r g e s t e l l, w e l c h e s „A n t h o n j a n g e f a n g e n" habe, v o l l= e n d e n („vollendt außmache"). Demnach ergibt sich aus dem Vertrage, daß man beim Eintreffen Colins mit dem Versetzen der Fassade schon bei dem großen Wappen über der „Einfahrt" angelangt war, daß man ferner bereits die Decke des ersten Stocks einzuwölben wünschte und daß endlich schon eine Thür für das Innere in der bildnerischen Herstellung begriffen war. Es genügt, dem noch beizufügen, daß die Fassade auch heute noch vierzehn Figuren in Nischen aufweist, um unter Uebergehung alles Un= wesentlichen zu dem Schlusse zu gelangen: d e r P l a n, w e l c h e r h e u t e a u s g e f ü h r t d a s t e h t, ist in a l l e n T h e i l e n s c h o n v o r d e m E r= s c h e i n e n C o l i n s e n t w o r f e n g e w e s e n. Auch die Figuren, welche Colin erstellt hat, waren schon vorgesehen. Denn die Figurennischen wenigstens bilden einen durchaus wesentlichen Bestandtheil der Fassade; sie ist ohne dieselben architektonisch nicht denkbar. Der Vertrag erwähnt nur 14 Fensterpfosten, während sich an der Fassade 28 befinden und der Symmetrie halber von Anfang an befinden mußten. Bach meint, vor Colin seien bereits 17 erstellt gewesen. Allein die drei an der Rückseite des Saales angebrachten scheinen Ausschußwaare zu sein; dann bleiben wiederum 14 erstellte und 14 noch zu erstellende. Daher wird jener Um= stand meines Erachtens viel ungezwungener erklärt, wenn man ihn auf eine Flüchtigkeit entweder der Vertragschließenden oder des Abschreibers zurückführt. Die ersteren hätten im Anschluß an die Zahl der Figuren die Ziffer 14 hingeschrieben, ohne zu überlegen, daß diesmal die doppelte Zahl erforderlich wäre; der Abschreiber mag das Wort „Paar" hinter

14 ausgelassen haben. Daß 14 Fensterpfosten beim Eintreffen Colins bereits erstellt gewesen wären, glaube ich also (im Gegensatz zu meiner früheren, mit Bach übereinstimmenden Ansicht) heute nicht mehr, weil ich die vorstehende Erklärung für weit natürlicher halte, als die strikte Folgerung aus dem Wortlaut. Ein Widerspruch mit dem Umstand, daß das erste Stockwerk im Ganzen bereits erstellt war, liegt hierin nicht, weil die Skulpturen der Fensterpfosten oder diese selbst erst nachträglich beschafft werden konnten.

Zwei Einwürfe können gegen unsere Schlußfolgerung gemacht werden, daß Colin nicht der Urheber der Fassade ist. Man könnte fragen entweder: „was beweist denn, daß dem Vertrage von 1558 nicht der eigene Plan, nicht die eigenen Visirungen Colins zu Grunde gelegt wurden?" oder: „was beweist, daß Colin nicht nach Abschluß des Vertrages den ganzen vorhandenen Plan umgeworfen, daß er nicht die aufgerichteten Theile der Fassade abgetragen und eine neue nach eigenem Plane an deren Stelle errichtet hat?" Die Meinung Bachs nöthigt zu dieser nochmaligen Fragestellung. Allein die letztere Vermuthung wird man wohl von vornherein fallen lassen müssen, wegen der augenscheinlichen Identität der ausgeführten, jetzt noch vorhandenen Fassade mit der schon im Vertrage beabsichtigten. Die 14 Statuen, die Fensterpfosten, das Portal im Ganzen, der Skulpturenreichthum überhaupt entsprechen auch heute noch dem Inhalt des Vertrages. Ferner bewies Colin später am Grabmal Kaiser Maximilians in Innsbruck eine fabelhafte Leichtigkeit des handwerklichen Schaffens (Schönherr Mitth. II, S. 67 ff.), eine außerordentliche Arbeitskraft. Aber man wird zugeben, daß er solcher Meisterschaft durchaus bedurfte, um mit zwölf Gesellen den ganzen Figurenschmuck der Fassade, alle Bildhauerarbeit vom ersten Stock aufwärts bis zu den Giebelspitzen, 14 reichgeschmückte steinerne Portale und zwei Kamine im Innern in kaum zwei Jahren herzustellen. Mit der Umstimmung des Bauherrn nach dem Vertrage, mit der Zeichnung neuer Entwürfe und eventuell mit dem Abtragen des erbauten Stockwerks konnte der Mann sich nicht aufhalten. Und ließ sich der Churfürst von Colin in seinen bisherigen Absichten derart umstimmen, daß alles weggeworfen wurde, was bis dahin gut war, und neues an dessen Stelle gesetzt wurde? Oder hatte Otto Heinrich einen Bau, dessen Architektur ihn innerlich nicht befriedigte, bis zum zweiten Stockwerk aufführen, hatte er zwei Jahre verstreichen lassen, ohne eine Aenderung herbeizuführen? Oder hatte er überhaupt noch keinen klaren Gedanken gefaßt von dem, was er eigentlich wollte?

Mit diefer Frage gelangen wir zur Prüfung der anderen Hypothefe, daß in dem Vertrage auf einen vor deffen Abschluß von Colin felbft gefertigten, und zwar eben erft neu angefertigten Plan Bezug genommen wäre.

Diefelbe wird einfach widerlegt durch den Umftand, daß die Faffade ja schon in der Ausführung bis zum Wappen über der Einfahrt, und das Gebäude bis zur Einwölbung der Decken des erften Stockwerks gediehen war. Alfo gehört Colin nicht das fünftheilige Pilafterfyftem, mithin nicht die Vertikalgliederung der Faffade überhaupt; gehört ihm alfo auch nicht der geniale Gedanke des ganzen Faffadenschmucks, denn die vierzehn Statuen find ein wefentlicher Beftandtheil der Vertikalgliederung. Der Vertrag nennt diefelben allerdings erft in einem Poftfkriptum, fei es, weil man fich vorläufig mit den Nifchen begnügen wollte, fei es, weil man erft nachträglich über den Preis einig wurde; allein die Vifirung lag fchon vor. Oder was dachten fich die Vertragfchließenden, als fie nieder-fchrieben, daß Colin alle Bildhauerarbeit zu übernehmen habe, welche zu diefem neuen Hofbau „vollends gehörig" war?

Otto Heinrich betrieb den Bau feit feiner Thronbefteigung ficherlich mit Leidenfchaft. Der Pfenningmeifter unterläßt es nicht, dem Künftler Colin schon in feinem Anftellungsvertrage ausdrücklich Fleiß und Eile ein-zuschärfen („ihme dießmals auch eingeleibt, solches zu befürdern"). Diffe-renzen, infolge deren Antonj weichen mußte, werden vielleicht einmal in dem Umftand ihre Erklärung finden, daß diefer langfamer, dem Churfürften zu langfam, vorwärts kam. Der Bau zeigt denn auch fehr große Flüchtig-keiten der Ausführung für einen derartigen Palaftbau, felbft wenn man die fogenannte fröhliche Unbekümmertheit der deutfchen Renaiffance in Rechnung zieht (vergl. Durm a. a. O. S. 11). So fehr alfo beeilte man fich mit der Fertigftellung des Baues. Und in den zwei vorausgegangenen Jahren hätte der Churfürft nach jahrelangem, ungeduldigem Harren auf den Thron, welchen er endlich in feinem 54. Lebensjahre und mit zweifel-hafter Gefundheit beftiegen hat, feine Angelegenheit nicht weiter gefördert? Daß ihm diefelbe damals feinen eigentlichen Lebensinhalt ausmachte, dürfen wir mit Fug annehmen. Nachahmung der italienifchen Fürftenhöfe und ihrer Kunftpflege, Verpflanzung des antikifchen Geiftes auf deutfchen Boden war das Lebensziel diefes bis ins Innerfte humaniftifch gefinnten Fürften. Müffen wir alfo nicht vielmehr annehmen, daß der Churfürft felbft schon bei feinem Regierungsantritt das Programm der Faffade längft im Kopfe trug, das Programm eines Palaftes, welcher, nach feiner Abficht wenigftens, alles bisher Gesehene, auch die Meisterwerke Italiens, an Reichthum und Geist der Erfindung übertreffen sollte?

Alledem stellt man aber noch gegenüber die Mittheilung des Abraham Colin vom Jahre 1625 und die Behauptung, die Fassade habe den Charakter der niederländischen Renaissance. Gesetzt, sie habe diesen Charakter, woraus wissen wir denn, daß sie denselben nicht von einem Anderen erhalten hat, als gerade von Colin?

Schönherr, einer Anregung des Architekten Seitz folgend, hat die Frage aufgeworfen, ob Colin auch Architekt war (Mitth. II S. 147 ff.), bezw. sich als Architekt bethätigt haben könnte. Schon diese Anregung zielte offenbar in die Richtung von Max Bachs neuerer Ansicht und war eine hauptsächliche Veranlassung zu der in jedem Falle außerordentlich werthvollen Mitarbeit Schönherrs an unsern „Mittheilungen".

Die Frage lautete also eigentlich: „Ist dem Colin nach seinen sonstigen Arbeiten die architektonische Erfindung einer Fassade, wie der unsrigen, zuzutrauen? Schönherr beantwortete die gestellte Frage dahin, daß er ihr anfangs verneinend, bei näherer Untersuchung aber bejahend gegenüber getreten sei. Gewiß, viele der Reliefs am Grabmal Maximilians zeigen Architekturen, welche man ganz wohl sogar mit unserer Fassade in Beziehung bringen könnte. Nur liegen sie eben zeitlich später, als eine zweijährige Beschäftigung des Meisters mit den ihm gegebenen Visirungen zum Otto-Heinrichsbau, und, was die Hauptsache ist, auch die Entwürfe zu den sämmtlichen 24 Reliefs am Grabmal wurden ihm von Malerhand geliefert (Mitth. II S. 101). Er kann, will oder darf nicht weiter arbeiten, wenn diese Gemälde ausbleiben (ebendas. S. 66 ff.); auch für die 14 Statuen am Otto-Heinrichsbau lagen ihm die Entwürfe vor — wie eingehende, wissen wir freilich nicht (vgl. v. Oechelhäuser, Mitth. II S. 211). Zu zwei Brunnen in Marmor und einem weiteren in Erz werden ihm die Skizzen gleichfalls von Malern geliefert (ebendas. S. 66 ff.). Die Zeichnung zur Architektur des Grabmals muß bereits vorgelegen haben, als er nach Innsbruck kam, und was sonst vorhanden ist an architektonischen Umrahmungen von Grabmälern oder dergleichen ist möglicherweise gleichfalls nicht von ihm selbst konzipirt, zum Theil ist es nicht eben hervorragend und sicherlich zu unbedeutend, um einen Schluß in dem gewünschten Sinne zu erbringen. Und endlich: sollte ein Mann, der einen so glänzenden Erfolg als Architekt aufzuweisen hatte, wie der Erbauer von Otto Heinrichs Pfalz am Neckar, später zu gar keiner irgend erheblichen architektonischen Aufgabe mehr berufen worden sein? Die Stellung dieser Frage mag einem Anderen zu statten kommen. Prüft man aber alles über Colins Thätigkeit als Architekt vorhandene Material und erwägt man, daß es an jeder Erwähnung einer solchen außer derjenigen von Abraham Colin mangelt, so gelangt man doch wohl zu dem früheren Schluße Schönherrs, daß Colin mit Leib und Seele Bildhauer war, sogar mit einer gewißen Betonung der ausführenden und nicht der erfindenden Seite dieses Berufes, aber zur Architektur weder sehr geneigt noch über das dekorative Element hinaus befähigt.

Die Mittheilung des Abraham Colin vom Jahre 1625 lautet dahin, daß sein Vater Alexander mit 12 Gesellen in Heidelberg „in der Arbeit" gewesen sei, „ain stattlichen Palast im Werk zu pauen".

Diese Worte würden für sich allein noch keineswegs zu der Annahme nötigen, daß Alexander Colin thatsächlich als Werkmeister am Otto-Heinrichsbau thätig war, und nicht blos als Bildhauer. Der pietätvolle und vom Werke seines Vaters begeisterte Sohn könnte wohl etwas aufgetragen haben, ohne daß man ihm deswegen einen großen Vorwurf machen dürfte. Zudem spielte ja wirklich die Bildhauerarbeit eine ganz überwiegende, organisch eingreifende Rolle am Bau, und Abraham wußte endlich nur vom Hörensagen, was er erzählte. Dennoch glaube ich, daß seine Worte aufrecht erhalten werden können, wenn man nur ihren Sinn nicht ungebührlich ausdehnt.

Wie schon gesagt, besitzen wir keinen Anhaltspunkt dafür, daß außer den im Vertrage genannten Personen später noch andere einen entscheidenden Einfluß auf die erste Gestalt des Baues gewonnen haben. Im Vertrage aber ist kein einziger ornamentaler Bestandtheil der über der Faßade später ausgeführten großen Zwerchgiebel verzeichnet. Alle angegebenen Bestandtheile erschöpfen sich an der Faßade unter dem Hauptgesims, mag man über die bestimmte Lage von einzelnen derselben auch im Zweifel sein. Diese Auffassung ist dadurch sichergestellt, daß die Abbildungen der großen Giebel sämmtlich je eine Statue an jedem derselben aufweisen, und daß im Vertrage diese beiden Statuen (die 15. und 16.) nicht genannt sind, sondern nur 14. Ebenso fehlen die nöthigen Fensterpfosten u. s. w., und es läßt sich doch nicht annehmen, daß man zur Zeit des Vertragsschlußes an maßgebender Stelle mit der Absicht umging, eine beinahe überreich verzierte Faßade mit zwei gewaltigen Giebeln zu krönen, welche jedes Bildschmucks entbehrten! Die Abbildungen beweisen freilich, daß später der Bildschmuck der Giebel um vieles ärmer ausgefallen sein muß, als derjenige der unteren Faßade. Wir brauchen uns

also keineswegs blos auf ein künstlerisches Gefühl zu stützen, wenn wir
sagen, daß zur Zeit des Vertrages die beiden Giebel nicht im
Plane waren. Nachdem dieses Gefühl aber eine solche urkundliche Bestätigung findet, sind wir allerdings berechtigt, es gleichfalls in die Wag-
schale zu werfen: den Giebeln fehlte jeder organische Zusammenhang mit
der vertikalen Gliederung der unteren Faßade; dieselbe betont vielmehr
ganz überwiegend die Horizontale und endigt nach oben mit einem kräftigen
Hauptgesims, welches einen gleichfalls horizontalen Abschluß des Ganzen
aufs Bestimmteste ausspricht. Und mit dieser höchst organischen Front
lassen sich schon der bloßen Eintheilung nach die Giebel überhaupt nicht in
ein nur einigermaßen befriedigendes Verhältniß bringen. Die Lösung der
Giebelfrage bildet vielmehr die wahre crux interpretum, das Kreuz der
rekonstruirenden Architekten. Dieser Sachverhalt legt die Annahme nahe,
daß der Urheber der Faßade die Giebel überhaupt nicht geplant haben
könne. Diese Annahme, als eine Sache des Gefühles, soll uns nicht leiten;
aber, wie dargethan, braucht sie uns auch nicht zu leiten, sondern es genügt der Schluß aus dem urkundlichen Material, welcher durch dieses
Gefühl freilich auf das Lebhafteste bestätigt wird. Durm (a. a. O. S. 32)
theilt dasselbe. Er knüpft daran und an den Inhalt des Vertrags dieselbe
Folgerung, welche ich s. Zt. für die ursprüngliche Gestalt des
Baues gezogen habe, daß nämlich derselbe über dem Hauptgesims
mit einer Balustrade abgeschlossen werden sollte, auf deren
intersecirenden Pfosten, entsprechend dem fünftheiligen System, die im
Vertrag erwähnten fünf Löwen Aufstellung finden sollten. Darin, daß
diese Löwen auf andere Art nicht wohl untergebracht werden können, liegt
ein weiteres, gar nicht unerhebliches Beweismaterial für unsere Ansicht.
Bach (S. 137 oben) will zwei Löwen auf die Ostseite (Rückseite) des
Palastes verweisen. Dagegen spricht der Umstand, daß die Rückseite völlig
schmucklos geplant war — wenn man von den drei oben erwähnten
Fensterpfosten absieht — und ebenso schmucklos auf allen späteren Abbildungen erscheint, während die Beibehaltung von dreien der fünf Löwen
über der Faßade doch dafür spricht, daß nur die Giebel es waren, welche
die mittleren beiden Löwen verdrängten. „Große" Löwen waren nach
dem Vertrage geplant; man maß ihnen also eine gewisse Bedeutung bei,
was völlig gegen eine untergeordnete Aufstellung spricht, und die Zahl
„5" entspricht der Eintheilung der Faßade. Heute, wo es sich mir darum
handelt, alles auszumerzen, was der Erforschung des wahren Sachverhalts
von meiner Seite im Wege stehen könnte, und nachdem ich in weiterer

zwölfjähriger Beobachtung des einschlägigen Materials alle Umstände wieder und wieder erwogen habe, glaube ich zwar nicht mehr, daß der Bau jemals diese Gestalt besessen hat. Aber völlig und mehr als jemals bin ich davon überzeugt, daß sie der ursprüngliche Plan und Gedanke der Faſſade war; daß dieſe mithin erſt infolge der Zerſtörung uns ihr wahres Antlitz zeigt, oder wenigſtens eines, welches der urſprünglichen Idee näher kommt, als die Ausführung in irgend einer der verſchiedenen nachgewieſenen Geſtalten. Kein Unglück iſt ſo groß, daß es nicht einen Segen in ſich ſchlöſſe. Diese Anſicht theilt auch A. v. Oechelhäuſer (im „Führer" S. 135), und ſie wird hoffentlich Berückſichtigung finden, wenn eine Wiederherſtellung des Werkes jemals in Frage kommt. Nicht übergehen will ich aber trotz meines Zugeſtändniſſes betreffs der erſten thatſächlichen Geſtalt des Baues nach ſeiner Fertigſtellung, daß die erſte Entwickelungsgeſchichte der Giebel immer noch gewiſſe dunkle Punkte zeigt, welche einmal von Wichtigkeit werden könnten. Ich rechne dahin die Frage, wo die ſpäter vorhandenen drei Löwen urſprünglich untergebracht waren, wenn ſie von Colins Zeit herſtammen. Ferner ob nicht die 15. und 16. Statue ſo zu erklären ſind, daß ſchon Colin beabſichtigte, ſie mit drei Löwen alterniren zu laſſen, um die Einförmigkeit einer Verzierung mit fünf Löwen zu beſeitigen. Daraus wäre erklärt, warum man ſich ſpäter mit den zwei Figuren als Schmuck für die großen Giebel begnügt hätte. Dies alles muß für jetzt dahingeſtellt bleiben: die Baugeſchichte nach 1560 liegt im Dunkeln.

Durm (a. a. O. S. 34) war noch geneigt, die Zwerchgiebel des Merian ohne Längsfirſt ganz oder wenigſtens für die urſprüngliche Geſtalt und für Colin abzulehnen. Allein nach der ſpäteren Auffindung der Stuttgarter Tuſchzeichnungen durch Zangemeiſter (Mitth. I, Taf. XVII, XVIII und XX); angeſichts des Aquarells im Thesaurus picturarum (ebendaſ. Taf. III) und der Beſtätigung des Merianſchen Stiches durch eine Münze des Churfürſten Karl Ludwig vom Jahre 1664 (ebendaſ. Taf. VI No. 4); angeſichts des Umſtandes, daß von einem Umbau bis zum Jahre 1620 nichts verlautet und daß dazu auch jegliche bekannte Veranlaſſung fehlt; angeſichts dieſes erdrückenden Beweismateriales muß der auch von Zangemeiſter vertretenen Anſicht beigepflichtet werden, daß Merian die Zwerchgiebel im Ganzen richtig und der urſprünglichen Geſtalt des Baues entſprechend dargeſtellt hat. Auf Kleinigkeiten darf man ſich natürlich nicht verſteifen. Aber dieſelben entſprechen auch, wie insbeſondere der „Ritter"

in Heidelberg beweist — ein von der Fassade wahrscheinlich beeinflußter
Bau —, der Stilrichtung dieser Periode besser, als die späteren Giebel
des Ulrich Kraus. Ich glaube auch heute noch nicht, daß die Anlage des
Getreidehauses in Steier für die Front (in Abweichung von der Ostansicht
und mit windschiefer Dachzerfallung) erweislich ist, sondern die Stuttgarter
Tuschzeichnung Taf. XVIII scheint mir, ebenso wie die Nordansicht (Taf. XVII
und die von Merian Taf. VIII), zu bestätigen, daß die Giebel beider-
seits bis auf das Hauptgesims herunterschnitten. Denselben
Sachverhalt bestätigt ferner das Aquarell aus dem Thesaurus Taf. III.
Die Lösung im Verhältniß zur Fassade wird, wie das Aquarell darthut,
infolge dessen ebenso monströs, wie anderfalls die Dachkonstruktion (vergl.
Seitz a. a. O. I, S. 230), für unser heutiges Empfinden eigentlich eine
ästhetische Ungeheuerlichkeit. Aber wir wissen, was die deutsche Renaissance
in dergleichen Dingen gelegentlich leistete. Gleichviel übrigens, wie man
sich die Lösung denkt: auf dem Hauptgesims des Otto-Heinrichsbaues saßen thatsächlich nach seiner Fertigstellung zwei
Zwerchgiebel (ohne einen beide verbindenden Längsfirst).

Nun, wenn in dem ursprünglichen Plane, der dem Vertrage zu Grunde
lag, diese Giebel nicht beabsichtigt waren; wenn aber nach Colin keine
andere Persönlichkeit mehr entscheidenden Einfluß auf die Gestalt des Baues
gewonnen hat; dann wird man annehmen müssen, daß Alexander Colin
es war, welcher die Errichtung der beiden Giebel entgegen
dem ursprünglichen Plane veranlaßt hat. Damit würde dann der
Bericht des Abraham Colin übereinstimmen: Alexander hätte schließlich
selbst die Thätigkeit eines Werkmeisters am Baue ausgeübt, nachdem ihm
seine allgemeine künstlerische Tüchtigkeit, vielleicht auch der Tod oder der
Weggang anderer Mitglieder des künstlerischen Kollegiums, ein immer
größeres Uebergewicht bei der Bauleitung verschafft hatten. Die zwei
Figuren, welche heute noch über der Fassade stehen und welche im Vertrage
nicht erwähnt sind, zeigen denselben Stil, wie die von Colin hergestellten
14 Nischenfiguren. Auf den Bildern erscheint je eine Statue in den großen
Giebeln. Daraus folgt, daß uns in diesen beiden Figuren diejenigen Werke
erhalten sind, welche den ursprünglichen Skulpturenschmuck der Giebel aus-
machten und welche von Colin herrühren. Auch hierdurch wird die Annahme bestärkt, daß Colin der Erbauer der beiden Giebel selbst war,
wenngleich man gerne an der Möglichkeit festhalten möchte, daß er wenigstens nicht ihr Urheber gewesen wäre. Allein ein anderer Urheber ist
nicht ersichtlich. Die Giebel erhoben sich über der Fassade jedenfalls zehn

Meter hoch oder bis auf nahezu zweidrittel Höhe dieser ersteren. Was das bedeutet, muß man sich sinnlich vorzustellen suchen: gigantisch ragte der Doppelgiebel über der Faßade empor und hüllte den Schloßhof am frühen Morgen und bei aufgehendem Mond in ein tiefes Dunkel. Ohne entsprechenden Bildschmuck, ohne eine genügende architektonische Entwickelung von unten her und ohne innere Einheit erdrückten die beiden Giebel die heiteren Horizontalen und das poesievolle Detail des ursprünglichen Planes: der Vertikalismus einer entwickelteren deutschen Renaissance, eine neuere Mode der fünfziger Jahre des Jahrhunderts, hatte gesiegt über die erste Absicht.

Nach dem vorhandenen und jetzt wohl nahezu vollständigen Material zu schließen, hat diese Erscheinung im Laufe der Zeit und in Folge mehrfacher Beschädigungen nur zwei Umgestaltungen, und eigentlich nur eine wesentliche Umgestaltung erfahren. Bis 1639, also genau ein Jahrhundert lang, keine. Bei der Generalrenovation von 1639, welche durch den Stich von Ulrich Kraus (1685) beglaubigt ist, wurden die großen Zwerchgiebel abgetragen. Man errichtete ein ganz neues einheitliches Dach mit einem Längsfirst parallel der Faßade und lehnte daran zwei niedrigere Quergiebel symmetrisch über dem zweiten und vierten Axen-System. Dadurch ersparte man Steinmaterial und Bildhauerarbeit; man begnügte sich vielleicht mit den vorhandenen Resten. Zwei Eckpilaster im Obergeschoß der Giebel wurden weggelassen. Dann folgt im Frühjahr 1689 ein Brandschaden, verursacht durch die Franzosen (Bericht des Werkmeisters Bula darüber vom 7. Juli 1689, Mitth. III Heft 1 S. 6). Die Errichtung eines neuen Dachstuhls nach dem Entwurf des Kapuziners Hugo wird unter Beiseitesetzung Bulas am 29. Januar 1691 endlich angeordnet und ist am 7. Juli 1691 beendet (Mitth. III S. 19). Am 20. März 92 reicht Bula einen Voranschlag ein über die Wiederherstellung der Giebel.[1] Es stellt sich aber heraus, daß sie ganz neu errichtet werden müssen, was im Sommer 92 geschieht „nach der Order Jonica". Sie messen jetzt 28/25 Schuh, während die vorigen 30 Schuh hoch und 25 breit waren. Immer noch ganz respektable Höhen. Das Dach war sicher ein Walmendach und überdauerte den Brand vom Jahre 93 (vergl. die Skizze von Verdue vom 30. Mai 93, Taf. XVI, 1). Die bei Kraus fehlenden Seitenpilaster im Obergeschoß jedes Zwerchgiebels

---

1) Daß Ulrich Kraus auf dem ersten Stich ein Walmendach, auf dem zweiten ein einfaches Giebeldach zeigt, wie auch 1687 Wittmann (Taf. XIV und XV), möge hier unerörtert bleiben, da für unsere gegenwärtigen Zwecke nichts darauf ankommt.

wurden jetzt endlich neu hergestellt. Diese dritte Gestalt der Giebel, welche im Wesentlichen gleich der zweiten war, ist auch ihre letzte bis zu der endlichen Zerstörung des Baues durch den Blitzschlag vom 24. Juni 1764 gewesen. Die vorhandenen Reste bestätigen es. Die beiden Figuren, welche jetzt noch über der Faſſade ſtehen, waren die einzigen, welche von Anfang an die Front der Giebel ſchmückten (vergl. Taf. III a. a. O.) und welche von Colin noch außer den im Vertrage vorgeſehenen angefertigt worden ſind. Bei Ulrich Kraus alterniren ſie mit drei Löwen, welche aber neben den erſten großen Giebeln ſchwerlich Plaß gefunden haben, wie gerade die Rekonſtruktion von Seiß und Koch darthut. Es bleibt möglich, daß ſie erſt der Renovation von 1639 entſtammten. Demnach ſind die fünf Löwen des Vertrags nicht oder nur theilweiſe zur Ausführung gelangt. Bezüglich der übrigen im Vertrage verzeichneten Skulpturen der Faſſade bekenne ich heute gerne, daß es troß des ſehr verſchiedenen Wertes der Figuren des Portals und derjenigen der übrigen Faſſade ganz unwahrſcheinlich iſt, daß die erſteren von Anthonj herrühren. Ich bin heute vielmehr der Anſicht Bachs (vergl. oben S. 156), daß unter den „beiden größten Bildern in beiden Geſtellen" (ſoll heißen: „je in beiden") die vier Atlanten rechts und links der Einfahrt zu verſtehen ſind. Die „ſechs Bilder ob den Geſtellen jedes von 5 Schuhen" waren möglicherweiſe über den vier Atlanten und über dem Wappen angeordnet. Die Unzukömmlichkeiten und äſthetiſchen Mängel dieſes Projektes hätten dann etwa Colin veranlaßt, das Portal durch die drei jetzt vorhandenen Kartuſchen giebelartig abzuſchließen, vier Figuren „von 5 Schuhen" in Wegfall zu bringen und die Madonna mit dem Kinde etwas höher hinaufzurücken, als Krönung der Giebellinien. Ich will niemand überreden, dieſer neuen Auslegung der fatalen ſechs „Bilder über den Geſtellen, jedes von 5 Schuhen" zu folgen; man mag auch hier der Anſicht Bachs den Vorzug geben, obgleich ich finde, daß ſie nicht ganz befriedigt. In den weiteren Detailfragen dieſer Art folge ich ihm gerne und gebe meine früheren Meinungen preis. Was den Vertrag betrifft, ſo kommt hier nur noch die Vertheilung der „Thürgeſtelle" in Betracht (ſ. oben S. 137). Die obige Auffaſſung von der Geſchichte des Portals im Ganzen, welche zuerſt von Joſef Durm (a. a. O. S. 32) ausgeſprochen wurde, iſt jedoch ſtilgeſchichtlich ſehr wohl begründet, vermöge der Vergiebelung des Portals und der Einführung einer Ornamentik von gelappten Kartuſchen. Dieſe letztere tritt am ganzen Bau ſpäter auf, als die naturaliſtiſche Ornamentik, gerade wie bei den allgemeinen Entwicklungsperioden des Stiles. Daß man beide Stil-

richtungen auch sonst wohl einmal vermischt hat, ist kein Beweis gegen
die hohe Wahrscheinlichkeit der Einführung der späteren an unserm Baue
durch Colin. Diese Wahrscheinlichkeit ruht auf dem Umstand, daß die
gelappten Kartuschen an der Fassade im ersten und zweiten Stockwerk gar
nicht auftreten und erst im dritten als Krönung von sieben der vierzehn
Fensterverdachungen verwendet sind, mithin der ursprünglichen Conception
scheinbar nicht angehören, während an den Thürgestellen im Innern aus-
giebigster Gebrauch von dieser Dekorationsweise gemacht ist. Hier liegt
eine wirklich deutliche Cäsur des Stilgefühls vor; und alle Wahrscheinlichkeit spricht dafür, daß dieselbe auf den Eintritt Colins zurückzuführen ist.

Weder diese noch die frühere Art kann, was die Erfindung betrifft, als
eine ausschließlich niederländische angesprochen werden. Ich glaube es nach
wie vor ablehnen zu sollen, daß um 1550—60 eine speziell niederländische,
in sich geschlossene und individuell charakteristisch niederländische Erfindungs-
weise des Renaissance-Ornamentes derart nachgewiesen werden kann, daß
man mit Bestimmtheit behaupten könnte, dieses oder jenes Detail könne
nur von einem vlämischen und nicht von einem deutschen Künstler herrühren.
Aber darum handelt es sich ja auch gar nicht; es handelt sich um die
Conception der Fassade. Auch in dieser Beziehung aber muß ich daran
festhalten, daß ein nationalindividueller Charakter der vlämischen Architektur
sich erst gegen das Ende des Jahrhunderts voll entwickelt. Gerade das
von Vach zitirte Ewerbeck'sche Werk liefert manches Material gegen ihn.
Was dort reproduzirt ist, bekundet durchweg eine Neigung zu kräftigerer
Profilirung als am Otto-Heinrichsbau. Es ist wahr, daß die Fenster des
ersten Stockwerks unserer Fassade eine bei vielen niederdeutschen Werken
beliebte Höhenentwicklung zeigen; der Anordnung der Fenster an diesen
Werken — viele Fenster mit ganz schmalen Pfeilern, oder Bündel von
Fenstern nebeneinander — folgen sie darum doch nicht, sondern dem fünftheiligen Axensystem mit breiten Wandflächen. Die meisten dieser niederdeutschen Werke liegen auch zeitlich später, und alle diese Schöpfungen
mögen auf die gemeinsame gothische Empfindungsart zurückzuführen sein,
welche auch in unserer Fassade nicht ganz unterdrückt ist. Dagegen haben
wir um die Zeit der Erbauung der letzteren in Deutschland bereits eine
ganze Anzahl von Bauwerken, welche ihr durchaus nahestehen, sowohl
was die Erfindung der Architektur als des Ornamentes betrifft. Ich
nenne als die verwandtesten den Hirschvogelsaal in Nürnberg und das
Piastenschloß in Brieg; etwas ferner steht der Fürstenhof in Wismar.
Mancherlei, was zwischen Mainz, Hildesheim, Bremen, Görlitz, Augsburg,

Nürnberg und Ulm damals geschaffen worden ist und nicht von Nieder-
ländern herrührt, liegt der Empfindungsweise des Otto-Heinrichsbaues nicht
allzufern; auch nicht die Zeichnungen und Entwürfe eines Sebald Beham
oder Peter Flötner und anderer, während ein Vredemann de Vries rasch
zu dem kräftigen Barockornament übergeht, welches die Thürgestelle zeigen.
Jn Anbetracht all dieser Umstände kann man auf die Subtilitäten einer
individualisirenden Stilkritik — (Dohme, nach Seitz und Koch, a. a. O. S. 350:
„klassizistische Motive der Ornamentik", „hohe Fenster im ersten Stock") —
kein entscheidendes Gewicht legen. Dergleichen Aehnlichkeiten können, wenn
sie erwiesen sind, in jener Zeit noch zufällige sein. Und wenn man auf
den reichen Figurenschmuck vlämisch-gothischer Werke zurückgreift, um
den Gedanken der Fassade dorther zu leiten, so setzt man an die Stelle des
begründeten Satzes, daß es nichts Neues unter der Sonne gebe, den sehr
unbegründeten, daß ein Künstler nichts Neues aus sich erfinden könne.
Möchten die gothischen Gebäude in Brüssel, Löwen, Veere dem Urheber
der Fassade auch bekannt gewesen sein, so bliebe ihm dennoch das Verdienst
höchster Originalität, und zwar auch was die Architektur an sich betrifft.
Die Freitreppe aber kommt in Mülhausen im Elsaß und in Heilbronn
am Neckar ebensogut vor, wie an dem (späteren) Rathhaus in Leyden.

Bis „zur Evidenz" kann man also diese Abstammung der Façade
wohl nicht beweisen. Deshalb könnte der Urheber doch ein Niederländer
gewesen sein. Wir haben nur weder nach der einen noch nach der andern
Seite hin jetzt schon Veranlassung oder Befugniß, uns ein Vorurtheil zu
bilden. In der vorliegenden Abschrift des Vertrages ist genannt, nach der
Lesart Wirths, v. Weechs und Zangemeisters, ein Jakob „Leyder" als
churfürstlicher Baumeister.

Bach hat die Frage nach der Person dieses Leyder wieder angeregt.
Er will mir darin Recht geben, daß derselbe mit dem von Leger für das
Jahr 1555 (im September) beglaubigten Jakob Haider, Werkmeister
Friedrichs II., identisch sei. Das wird man wohl jedenfalls annehmen
dürfen. Die Frage ist nur, ob derselbe Leyder oder Heyder hieß.[1]) Wenn
ich auf dem Umwege eines Irrthumes über die letztere Frage zur Auf-
deckung der Identität beider Persönlichkeiten gelangt sein sollte, so genügt
mir dies. Die Frage muß gelöst werden durch Schriftvergleichung aus der
Urkunde selbst. Ich habe infolgedessen s. Zt. zwei nicht wissenschaftlich, aber
praktisch gebildete (gerichtliche) Sachverständige für Schriftvergleichung zu-

---

1) Wegen dieser Frage kann ich nunmehr auf die weiter unten folgende Veröffentlichung Zangemeisters verweisen.

gezogen, welche nach Prüfung aller in dem Vertrage vorkommenden H und
C übereinstimmend erklärten, daß der Name „Heyder" gelesen werden müsse,
weil nicht der erste obere, sondern der zweite untere Schriftzug des C
entscheidend sei, welcher bei dem kritischen Schriftzeichen den sonst stets vorhandenen Abwärtsschwung vermissen lasse. Leger schöpfte aus einer völlig
andern Urkunde seine Schreibung „Haider". Allein es ist möglich, daß
sowohl Leger oder der Schreiber jenes Briefes, als auch der Copist des
Vertrages falsch gelesen oder falsch geschrieben haben. Also mag der Mann
Leyder oder Heyder heißen, wenn nur die Identität der damit bezeichneten
Persönlichkeit festgestellt ist. Ich habe ferner dem Monogramm „C. F." an
der linken Seitenfläche des Kamins im Ruprechtsbau die Deutung des Na-
mens eines weiteren churfürstlichen Baumeisters aus der Commission zum
Vertragsschluß mit Colin, des „Caspar Fischer", beigelegt. Ich lege auch
hierauf kein Gewicht und ordne mich der Meinung unter, daß „Churfürst
Friedrich" gelesen werden müsse. Ein „Caspar Vischer", Sohn Peter Vischers
des Bildgießers, war nach 1559 an der Plassenburg thätig als eigentlicher
Baumeister. Dieser starb 1580 und scheint sich nicht der fortwährenden
Zufriedenheit des dortigen Bauherrn erfreut zu haben. Ob er nur Festungs-
baumeister oder auch künstlerisch thätig war, scheint nicht aufgeklärt zu sein.
Der Hof der Plassenburg zeigt jedoch gewisse Aehnlichkeiten mit unserer
Fassade, besonders am Portal, und mehr noch mit den Arbeiten aus der
Zeit Friedrichs II. Außerdem erscheint im Vertrage der Hofmaler Hans
Besser, und über allen steht die Person des Bauherrn, Otto Heinrichs, des
Humanisten.

Wer war der künstlerische Urheber der Fassade?

Colin war es nicht; also war es entweder einer der letztgenannten
Männer, oder Anthonj der Bildhauer, oder einige von ihnen, oder alle
zusammen. Von meinem Beweismaterial aus dem Jahre 85 für die
Urheberschaft Anthonjs hat sich das Meiste als ungenügend erwiesen. Auch
die Meinung, daß ein Bildhauer die Fassade geschaffen haben müsse, ist
nicht umgänglich. Es gab tüchtige Bildhauer genug in jener Zeit, so
daß jemand ein solches Programm sehr wohl aufstellen und eine solche
Fassade sehr wohl entwerfen konnte, ohne sich darüber zu beunruhigen, ob
dieselbe auch ausgeführt werden könne. Durch die Betonung jenes Um-
standes gelangt man auch dazu, was ich der endlichen Aussprache einmal
für werth finde, die in ihrer Art vorzügliche Erfindung der Architektur
durchaus zu unterschätzen. Nun hat aber Gechelhäuser mit Recht darauf
hingewiesen, daß das Portal des Piastenschlosses in Brieg außerordentliche

Aehnlichkeiten mit den Details am Otto-Heinrichsbau aufweise und daß dort urkundlich ein Meister Antonio beglaubigt ist, welcher jenes Portal im Jahre 1555 vollendet hat. Dieses Zeitverhältniß würde sich gut damit vereinigen lassen, daß Anthonj dieselbe Persönlichkeit wäre. Denn, wie wir oben ausführten, ist es wahrscheinlich, daß der Architekt des Otto-Heinrichsbaues noch andere Spuren seiner Thätigkeit hinterlassen hat, und möglich, daß ihn der Tod 1558 hinwegraffte. In hohem Grade würde dazu die Dekorationsweise stimmen: über dem Mittelfenster des zweiten Geschosses am Piastenschloß findet sich dieselbe Friesverzierung, wie an gleicher Stelle der Fassade; darüber befinden sich statt Verdachungen gleichfalls freispielende naturalistische Krönungen, wie dort; das ganze Fachrelief ist ähnlich behandelt; ähnlich ist die Komposition der Fensterumrahmungen, ähnlich die Auffassung der Einfahrt, ähnlich sind die Verhältnisse. Die Schreibung Anthonj oder Antonio spielt keine Rolle. Allein dies alles hat keinerlei Beweiskraft und kann höchstens als ein Anstoß zu weiterer Nachforschung gelten. — Mit dem Meister Antony van Helmont besteht zur Zeit kein erweislicher Zusammenhang; auch nicht mit Anthoni de Spazio, welcher 1542 in Wien thätig war und der italienischen Architektenfamilie de Spazio angehörte (s. Lübke, Renaissance in Deutschland, Stuttgart 1882, II S. 46).

Wir sind für jetzt am Ende unserer Untersuchungen angelangt; eine bestimmte Antwort darauf, wer der eigentlich erfindende Künstler der Fassade war, können wir nicht geben. Sollte die Gerechtigkeit der Geschichte es wollen, daß wir es auch nicht erfahren, weil die Mehrzahl der Männer, deren Namen wir kennen, gleichmäßig mitgewirkt hat zum Gelingen des herrlichen, poesievollen Kunstwerks? Otto Heinrich mag dilettirend den ersten Entwurf selbst gefertigt haben, wie ja schon damals, gleich wie noch heute, gebietende Fürsten gerne und mit Glück zu thun pflegten. Fischer (Vischer?) und Haider (Leyder?) oder einer von beiden mögen die Risse danach gefertigt, das Detail der Architektur erfunden und gezeichnet, umgestaltend gewirkt haben; dafür spricht die vielfach unbeholfene Technik und knollige Profilirung des Werks. Hans Vesser der Hofmaler mag die „Visirungen" zum Bildschmuck geliefert haben, welchen Anthonj und Colin auszuführen hatten (vergl. über erfindende Betheiligung der „Maler" am Grabmal Kaiser Maximilians und anderen Bildwerken Schönherr a. a. O. S. 101, ferner v. Oechelhäuser ebendas. S. 211). Ueber all dieses werden uns Forschungen über das Leben Otto Heinrichs vielleicht am ehesten Aufklärung bringen, Forschungen, welche noch ausstehen und welche von berufenen Männern unternommen werden sollten. Aber bis dahin müssen wir bekennen, daß die Meinung Max Bachs, das Dunkel, welches bisher so beharrlich über dem Meister des Otto-Heinrichsbaues lagerte, beginne sich allmählich zu lichten, gerade für diese Frage leider nicht zutrifft und daß wir vorläufig mit einem Eingeständniß des Nicht-wissens zu antworten haben, gerade wie bei unserm großen mittelalter-lichen Nationalgedichte. Genug, daß das Werk ein Werk des deutschen Geistes ist und bleibt, auch wenn der eigentlich ausführende Urheber der Architektur von vlämischer Herkunft oder von italienischer Abkunft gewesen sein sollte. Aber soviel wenigstens haben wir jetzt erreicht, daß das Ma-terial gesichtet ist und daß die Wege gezeigt sind.

Ein Werkmeister des Kurfürsten Friedrich II.

Von

Karl Zangemeister.

(Hierzu Tafel VI.)

Der Vertrag, der am 7. März 1558 mit Alexander Colin (Colins) zur
Ausführung der Bildhauerarbeiten am Ottheinrichsbau abgeschlossen wurde,
ist mir in einer Abschrift aus dem Jahre 1604 erhalten bei den Schloß-
Bauakten im Großh. General-Landes-Archiv zu Karlsruhe. Bei unserer
Ausgabe, die auf neuer Vergleichung dieser Copie beruht, machten wir
darauf aufmerksam (Mitth. I 22), daß der dort genannte kurpfälzische Bau-
meister in dem Manuskript Jacob Leyder geschrieben sei und daß sowohl
Wirth als auch Friedrich v. Weech ebenso gelesen hätten, während Theodor
Alt in Lützow's Zeitschrift 19 S. 106 sich für „Heyder" erklärt hätte.

Diese Persönlichkeit hat dadurch ein Interesse gewonnen, daß Th. A.
Leger aus einem Schreiben Friedrichs II. vom 27. September 1555 an die
Stadt Straßburg einen Werkmeister dieses Kurfürsten mit Namen Jakob
Haidern (im Akkusativ) erwähnt[1]) und Theodor Alt diesen mit dem obigen
Baumeister identificirt hat. Wir haben es daher für zweckmäßig gehalten,
jene Stelle des Vertrages nach der Handschrift in getreuer photozinko-
graphischer Abbildung vorzulegen (s. Taf. VI), um dem Leser selbst ein Ur-
theil zu ermöglichen.

Es fügt sich günstig, daß auf derselben Seite der Buchstabe H noch
zehnmal (Z. 4. 5. 6. 7. 11. 15) und das L noch zweimal (Z. 16 und 21)
vorkommt. Die Formen beider Buchstaben sind nicht gerade sehr von ein-

---

1) Leger, Führer durch die Ruinen des Heidelberger Schlosses, 2. A. 1819 S. 43:
„Dem Churfürsten [Friedrich II.] war es, so wie ich in seinem eigenhändigen, auf dem
'Neurenschloß am 27ten September 1555' gegebenen Schreiben an die Stadt Straßburg
gelesen habe, eine große Angelegenheit, die angefangenen Gebäude [des Schlosses] durch
seinen Werkmeister Jakob Haidern bald möglichst vollendet zu sehen: allein sein
Tod störte seinen Plan."

ander verschieden, doch ergibt eine genaue Vergleichung meines Erachtens,
daß der Copist in der That Z. 10 Leyder geschrieben hat. Auch in der
10. Zeile hat das L in „Läger" links oben den einer Öse ähnlichen An-
fangsstrich; vor Allem aber ist zu betonen, daß die L sich stets oberhalb der
Linie halten, während die H sämmtlich unter die Linie herabgehen, und
dieses Moment ist von entscheidender Bedeutung.

Eine andere Frage ist aber, ob auch im verlorenen Original von 1558
ein L stand; denn es ist die Möglichkeit keineswegs ausgeschlossen, daß der
Copist des Jahres 1604 sich verlesen, bezw. verschrieben hat, und dieser
Fehler konnte bei der Revision um so eher unbemerkt bleiben, als für den
damaligen Zweck es auf den Inhalt des Vertrages ankam, dieser Name
aber völlig gleichgiltig war.

Leider hat sich nun, wie das Original des Vertrags von 1558, so
auch das von Leger benutzte Schreiben Friedrichs II. von 1555 nicht wieder-
gefunden, so daß auch diese Angabe sich der Controlle entzog. Diese letztere
Lücke ist nun aber durch einen in Straßburg gemachten Fund genügend er-
gänzt worden. Auf eine in unserem Interesse von Professor Dr. Wille an
Stadt-Archivar Dr. Winckelmann gerichtete Anfrage hat dieser die Güte gehabt, in den Straßburger Rathsprotokollen nachzuforschen und in dreien
derselben diesen Werkmeister erwähnt gefunden, auch uns mit großem Ent-
gegenkommen eine Abschrift der drei Aktenstücke eingesandt. Ich bringe
diese hier in ihrem vollen Wortlaut zum Abdruck, da diese Verhandlungen
für die damaligen Zustände nicht ohne Interesse sind und für unseren Zweck
auch der ganze Zusammenhang, in dem der Werkmeister hier auftritt, in
Betracht kommt.

1.

Straßburger Rathsprotokoll № 1555.

Mittwoch, den andern October

hora octava. Rhat und 21.

Pfaltzgrave Friderich Churfürst schreibt und beschwert sich, daß Hans
Frauuler und das Steinmetzen-Handtwerck alhie Seiner churfürstlichen
Gnaden Werckmeister Jacob Heidenn nicht für redlich halten oder erkennen und ime sein Gesindt abzutreiben understanden und seinen zweien
Lerjungen derhalben inhalt beiligender Copeye [geschrieben], mit Beger,
daß man solchs bey inen abschaffen, darmit er nit nach andern Wegen
trachten mües, dann solt es nit beschehen und ye inen an seinen Gebeuen
verhindern, wurde er sich des Costen und Schadens zu erholen gedencken.

Daruff ist per consulem angezeigt, er hab um Furderung willen Meister Hansen Frauler beschickt, ime das Schreiben furgehalten, sein Bericht daruff zu geben.

Seind daruff Hans Frauler, Wolf Bauman und Lur Kun sampt dreyen Gesellen erschinen und haben furtragen lassen: Es sey nit one, es sey ge-melter Jacob Heid vor Jaren gemant worden, sich etlicher Sachen halben, die er wider ir Handwercksordnung gehandelt, zu stellen und mit dem Handt-werck zu vertragen, welches er überdas er zu Speir angelobt sich hieher als die Haupt Hut zu stellen. Dweil sye aber jetzund in der Eil nit wissen, was sein Verhandlung, so bitten sie Dilation, Mein Herrn der Sachen weitern Bericht zu thun.

Erkandt, inen sagen, daß sye die Jungen diser Zeit unuffgetriben lassen so lang und vil biß sye Mein Herrn der Sachen berichten und alsdann Meiner Herrn Bescheidt darunder zu gewarten, und dem Churfürsten schreiben, man hab den Steinmetzen Seiner churfürstlichen Gnaden Schreiben furgehalten, und dweil sye angezeigt, daß sye jetzund in der Eil nicht wissen Bericht zu thun, so hatt man inen ufferlegt, daß sye Seiner churfürstlichen Gnaden Werckmeistern (doch irer Freiheit unabbrüchlich) sein Gesindt unauf-getriben, sondern arbeiten lassen und Meiner Herren Bericht geben, so will man auch hinder sich schreiben und Ire churfürstlichen Gnaden weiter be-antworten und soll man ihnen den Steinmetzen daneben ein feist Ferlin geben, daß sye ein solch Spiel anfahen und nit wissen warumb.

2.
Protokolle der XXI. 1556. 10. Januar.

Pfalzgrave Friedrich Churfürst schreibt abermals Seiner churfürstlichen Gnaden Werckmeister halben und beschwert sich zum Hochsten, daß [er] uber und wider Meiner Herren Vertrösten, wiewohl vielleich one der Meister alhie Wissen und Willen beunruwigt und seiner Ehren angetastet werde zu Verhinderung Seiner churfürstlichen Gnaden Gebeuw und ime dem Werck-meister zu Beschwerden, begert dasselbig bei inen abzuschaffen, dann wo es nit bescheen, müest er uff andere Weg gedenken, wie er die seinen hant-haben moge, und begert dessen ein Antwort.

Uff Solichs sein die Steinmetzen alhie harein gelassen und seind er-schinen Lur Kuen von Geispoltzheim, Hans Fraweler und von wegen der Gesellen Cunradt von Meintz und Paule von Hamelburg, die haben durch Johan Eßlingern furtragen lassen, sie hetten des Churfürsten Schreiben angehört und wißten Mein Herren kein andern Bericht zu geben, dann sie jungst gethan, da sie sich versehen, es were derselb vorlengst überschickt, dieweil es aber Mein Herren vielleicht nit für gut angesehen und verpliben, so konnten sie doch nochmaln kein andern Bericht thun, dann wie hievor von inen beschehen, lassen es nochmaln dabei pleiben. Für ire Personen weren sie Meinen Herren zu wilfaren wol geneigt und erbittig, doch iren habenden keyserlichen Privilegien unabbruchlich. Sy hetten aber darfur, es wurd Jacob Heiderer wenig furstendig sein, doch welten sye's Mein Herren heimstellen und sich verhoffen, wie sie auch hiemit bethen, Mein Herren wurden inen an iren Freiheit kein Abbruch oder Schmelerung zethun begeren, sondern vil mher darbei Hand haben.

Erkant, inen anzeigen, Meine Herren hetten sich gehort und wa gleich ir nechst furbrachten Bericht dem Churfürsten überschickt, were doch der Sachen wenig darmit gehollfen, dann sie horten, wie ernstlich der Churfürst schrib. Darumb were Meiner Herren Begeren, sye wolten sye berichten, was doch Jacob Heiderer mishandelt, und der Pollicei-Ordnung erinnern und das der wegen Meiner Herren Bedencken, wa er ye etwas wider ir Ordnung gehandelt, das sie dem Churfürsten dasselb berichten wolten, dann man sonst sovil us Seiner churfürstlichen Gnaden Schreiben vermerkt, das er vielleicht sonst andere Mittel vor und an die Hand zu nemen gesinnet und daneben ire Freiheiten von inen begeren, darmit man sehen mochte, was sie befuget oder nit.

3.

Protokolle der XXI. eodem.

So haben Herr Hans von Vers und Herr Caspar Romler angezeigt, sie hetten den Steinmetzen Meister und Gesellen Meiner Herren Erkantnus angezeigt und sie inhalt derselben befragt. Die hetten sie berichtet, daß es die Wahrheit, daß Jacob Heiderers Zeichen ufgehenckt und das seins Suns auch uffgehenckt gewesen, er sich aber mit inen vertragen und mit einem leidlichen davon kommen. Aber mit dem, was er verhandelt, hetten sie lang nit heraus gewolt, doch als sie inen ein wenig daruff gedeutet, bekant, das es eben darumb zethun, daß er ir Ordnung ins Churfürsten Canzlei uberantwurt, und hetten sich fur ihre Personen dessen begeben und bewilligt, daß sie das Zeichen wolten herabthun und furder nichts gegen disem Jacob Heiderer furnemen, sonder gegen ime ruewig ston, doch irer Freiheiten sonst unabbrüchlich. Aber die Gesellen hatten sich vernemen laſſen, ſie wurden nicht deſto weniger nicht bey ime arbeiten, und es werde ime leicht kein Geſell zuziehen. Und nachdem ſie die Freiheit von inen begert, hett Meiſter Hans Frauler angezeigt, er könte ſie Meinen Herren one Vor-wiſſen Meiſter und Geſellen nit zuſtellen, wolt es aber an die Andern zum furderlichſten bringen und alsdann Meinen Herren übergeben.

Erkant, dem Churfürſten dieſen Bericht und was ſie ſich begeben, zu ſchreiben, dweil aber die ledigen Geſellen nit zu zwingen, daß ſie Seiner churfürſtlichen Gnaden Werckmeiſter arbeiten müſſen, und alſo der Sachen wenig geholfen, daß Meiner Herren gut bedunckt, daß ſich Jacob Heiderer haruff verfueg, ſich mit dem Handtwerck vertrieg und daſſelbig umb der wanderenden Geſellen willen, und ſol man den Botten furderlich abfertigen.

Der Mann wird hier allerdings nicht Haider, auch nicht Heyder ge-nannt, ſondern einmal Heid, einmal (im Akkuſativ) Heidenn und fünfmal Heiderer. Aber es darf wohl als unzweifelhaft angeſehen werden, daß er identiſch iſt mit Legers „Haidern.“ Abgeſehen von dem gleichen Vor-namen ſtimmen die Zeit, der Titel, die Beziehung zu Straßburg [1]) und Friedrich II. überein. Aber auch die verſchiedene Form „Heiderer“ ſchließt die Annahme nicht aus, daß er mit dem zwei Jahre ſpäter als churfürſt-licher Baumeiſter erſcheinenden „Haider“ ein und dieſelbe Perſon iſt. Zu jener Zeit kommen ſolche Wechſel im Schreiben von Perſonennamen nicht ſelten vor, wofür ja dieſe Protokolle der Straßburger Behörde ſelbſt einen ſichern Beleg bieten. Und der von Friedrich II. offenbar geſchätzte Werk-meiſter kann ſehr wohl bald darauf von Otto Heinrich zum Baumeiſter bei Hofe ernannt worden ſein. Es wird alſo an der von Th. Alt vermuteten Identität ſchwerlich gezweifelt werden können, und damit ergibt ſich, daß in der Copie des Vertrages von 1558 ein Schreibfehler anzunehmen iſt.

---

[1]) Es ſei hier daran erinnert, daß Baumeiſter Bernhard von Heidelberg im Jahre 1551 am Straßburger Münſter beſchäftigt war; ſ. Repertorium für Kunſtwiſſ. V S. 32.

Die
Gemälde=Sammlung des Heidelberger Schlosses.

Verzeichniß vom Jahre 1685.

Herausgegeben von

Karl Zangemeister und Henry Thode.

Mit Kurfürst Karl, der am 26. Mai 1685 kinderlos starb, war die simmern'sche Linie erloschen. Als nächster Agnat setzte sich Pfalzgraf Philipp Wilhelm zu Neuburg in den Besitz der pfälzischen Lande. Die politische Erbfolge war leider, solange noch Zeit war, nicht geregelt worden, ein Umstand, der zu den unseligen Verwicklungen und Leiden für das Land führte, die bekannt genug sind. Auch über die Vertheilung der Allodial-Verlassenschaft fanden langwierige Verhandlungen statt, die schließlich noch dadurch eine Weiterung erfuhren, daß die Mutter Karl's, Charlotte von Hessen, im März 1686 verschied; sie gelangten aber bald darauf zum Abschluß durch eine Vereinbarung, die nach Häusser (Geschichte der Rhein. Pfalz 2, 770) folgendes bestimmte: „Ein Theil fiel nach dem Testament an Hessen-Kassel zurück, ein anderes hatte der Kurfürst von Brandenburg, der Sohn einer Schwester Friedrichs V.[1]), noch anzusprechen, das Uebrige an Mobilien, Pretiosen, Gemälden u. s. w. überließ Philipp Wilhelm dem französischen Bevollmächtigten, der eine öffentliche Auction damit anstellte und den Ertrag nach Frankreich schickte. Es sollen auf diese Weise über 500 000 Gulden gelöst worden sein; das Uebrige ward durch einen Vertrag vom 11. September 1687 geordnet, wornach für alle Ansprüche an Geld, Voräthe, Früchte, Vieh u. s. w. der Herzogin noch 47 298 Gulden und 54 Kreuzer entrichtet werden sollten." — Im Einzelnen ist bekannt, daß die Schloßbibliothek größtentheils nach Kassel kam (gegen 4500 Bände)[2]), daß Kur-Brandenburg die Münzsammlung und die Orleans die Gemmen-

---

1) Friedrich Wilhelm, der Große Kurfürst, war der Sohn Georg Wilhelms von Brandenburg und der Elisabeth Charlotte, Tochter Friedrichs IV.

2) A. Duncker im Centralblatt für Bibliothekswesen I (1884) S. 13. — Den damals von Lorenz Beger hergestellten Katalog der Heidelberger Schloßbibliothek besitzt die Landesbibliothek in Kassel.

sammlung erhielten.[1]) Daß die Gemälde bei jener Versteigerung nicht mit inbegriffen wurden, ist durch den wohlunterrichteten kurfürstlichen Rath Johann Friedrich Reiger ausdrücklich bezeugt. Dieser berichtet in seiner Schrift „Die ausgelesene Chur-Pfalz-Simmerische Stamms-Lini," 1695 S. 158, daß der Bevollmächtigte des Herzogs von Orleans de Moruas (Morouas) „die meiste Mobilien" nebst dem „Hauß-Silberwerck" in öffentlicher Versteigerung verkaufte, dagegen „die Kleinodien, beste Tapeten, Gemählde, Neusilberwerck und anders" nach Frankreich wegführte.[2]) Hier in Heidelberg erhielt sich nun die Tradition, daß zahlreiche, damals nach Paris gelangte Bilder noch in den Magazinen des Louvre aufbewahrt würden. Da diese Annahme auch neuerdings wieder sich geltend machte, schien es geboten, an Ort und Stelle Nachforschungen anzustellen, und ich kam im vorigen Jahre zu meiner Freude in die Lage, eine günstige Gelegenheit zu diesem Zwecke benutzen zu können. Mein Freund Professor Dr. Wolfgang Helbig in Rom willfahrte meiner Bitte und that während seines Aufenthaltes in Paris die zur Ermittelung des Thatbestandes erforderlichen Schritte. Nach seiner Mittheilung vom 16. Oktober 1895 stellte er zunächst durch eine Unterredung mit M. A. Kaempfen, dem Administrativ-Direktor des Louvre, mit M. G. Lafenestre, dem Direktor der Gemäldegallerie, und M. F. Trawinski, dem Sekretär der Nationalmuseen, fest, daß sich in den Magazinen des Louvre keine Bilder mehr befinden. Die drei Herren versicherten, daß die letzten darin aufbewahrten Bilder unter Louis Philipp in die königlichen Schlösser vertheilt worden wären und daß das Meiste dem Schlosse von Versailles zugefallen sei. Der Direktor der Sammlungen dieses Schlosses, M. P. de Nolhac, der daraufhin von Helbig befragt wurde, zeigte ihm seine Register, und aus diesen ersah Helbig, daß die betreffenden Bilder einfach als aus dem Museum des Louvre stammend bezeichnet sind — ohne nähere Provenienzangabe. Andere Bilder sind rubricirt als stammend aus den châteaux royaux (d. h. Fontainebleau, St. Cloud u. s. w.) und als ebenfalls unter Louis Philipp nach Versailles gebracht. „Bei dem Mangel

---

1) Friedländer, Das Königl. Münzkabinet, Berlin 1877, S. 5. Ueber 12 000 Münzen kamen damals von Heidelberg in das Berliner Kabinet, das bis dahin nur 4900 Münzen besessen hatte.

2) Reiger gibt auch über die Zuweisung der Münzen und der Bibliothek zutreffende Nachricht. Am Schlusse, sagt er, sei noch das Eine und Andere geregelt worden („nach welchem ein und anders ferners zur Richtigkeit gebracht"). Diese Bemerkung bezieht sich wohl auch darauf, daß über einzelne Theile der großen Erbschafts-Bestände zu Gunsten Anderer verfügt wurde. So blieben z. B. von der Bibliothek mit Zustimmung des Landgrafen von Hessen einige Hundert auf die pfälzische und bayrische Geschichte bezüglicher Bücher und Handschriften in Heidelberg (Duncker S. 14).

näherer Provenienzen," so schließt Helbig, „dürfte es schwer fallen, innerhalb dieser beiden Kategorien das Heidelberger Kontingent festzustellen."

Angesichts dieser Sachlage, für deren Feststellung wir Wolfgang Helbig
zu großem Danke verpflichtet sind, mußte als unsere nächste Aufgabe betrachtet
werden, nachzuforschen, ob ein Verzeichniß der Heidelberger Gemälde-Samm-
lung aus jener Zeit noch vorhanden sei. Von den damaligen, die Schloßbibliothek betreffenden Akten, die im Königlichen Staatsarchiv zu Marburg
sich befinden, hatte ich bereits im Jahre 1884 im Anschluß an Albert
Duncker's oben erwähnten Aufsatz zur Geschichte des sogen. Manesse-Codex
(Centralblatt a. a. O.) Kenntniß genommen. Eine Anfrage in Marburg
hatte den gewünschten Erfolg: in einem der auf jene Erbverhandlungen
bezüglichen Faszikel fand sich in der That das gesuchte Verzeichniß, und die
Königliche Archiv-Verwaltung übersandte mit sehr dankenswerther Bereit-
willigkeit diese Akten zu unserer Benutzung an die hiesige Universitätsbiblio-
thek. Dies Inventar, das die Blätter 248 bis 262 einnimmt, ist von einem
Kaiserlichen Notar zu Heidelberg vom 29. September 1685 an aufgestellt
worden (s. Bl. 222). Wir bringen dasselbe vollständig zum Abdruck, einschließlich der Abschnitte, die sich auf die sonstigen Kunstschätze (Skulpturen
von Elfenbein und Stein, Wachs-Bossirungen und Kupferstiche) beziehen,
und selbstverständlich mit Beibehaltung der eigenthümlichen Orthographie
und namentlich der wenn auch fehlerhaften Schreibung von Namen. Es
schien zweckmäßig, mit der Veröffentlichung des Textes rasch vorzugehen,
um dessen Vergleichung mit den, wie anzunehmen ist, sonst noch erhaltenen
Exemplaren und eine erste Untersuchung über diese Kunstschätze, wie sie
unten gegeben wird, zu ermöglichen, zugleich auch um eine Unterlage
für Ermittelungen in heutigen Gemäldesammlungen darzubieten. Weitere
archivalische Nachforschungen bleiben vorbehalten, und voraussichtlich werden
diese über die damalige Vertheilung der hiesigen Sammlungen noch direkte
Nachrichten zu Tage fördern.

Dieses Inventar ist bei aller Dürftigkeit ohne Zweifel doch von großem
Werthe, weil es uns von jenen großen Beständen an Kunstwerken Nachricht gibt; es bezeugt damit zugleich die jahrhundertelangen Kunstbestre-
bungen der Pfalzgrafen bei Rhein, und unsere Veröffentlichung darf daher
gelten als ein Beitrag zu der noch zu schreibenden Geschichte der Kunst-
sammlungen, die ehemals Heidelberg zierten, in früheren Zeiten wie auch
in diesem Jahrhundert, von jenem Besitze des alten Kurfürsten-Hauses an
bis zu den Kunstschätzen der Gebrüder Boisserée.

K. Z.

248 ## I.[1]) Ahn allerhand Contrefeiten en Miniature,

mehrentheils in Capsuln.

Pfaltzgraff Otto Henrich Churfürst
    Einmahl in Stein vndt
    Einmahl in Holtz geschnitten.
Fridericus 2^{dus} Elector Palatinus in Stein.
5 Ludovicus Pfaltzgraff Churfürst, in Holtz.
Hertzog Johann Friderich Churfürst zu Sachsen, Reformator, gemahlt.
König Jacobus in Engellandt, mit seiner Gemahlin vnd Einem Printzen,
    gemahlt vnd in Helfenbein eingefast.
König Jacobus noch einmahl allein gemahlt.
10 Friderici V^i Elector Palatin: Gemahlin Königin in Böhmen gemahlt.
Noch dieselbe auf einem güldenen Ring gemahlt.
Der Teutschordensmeister Johann Caspar.
Carolus 2^{dus} König in Engelland, vnd dessen H. Bruder.
Prinz de Yorck, nunmehrig König, in Wax possirt.
15 Carolus 1us Stuartus König in Engelland dero Beyder Herr Vatter
    mit Reyßbley gezeichnet in Silber eingefast.
Eine Churfürstin zu Pfaltz vom Hause Oranien.
Fridericus IV. Elect: Palat. mit dem Wapen in Perlmutter geschnitten.
Item Fridericus IV^{us} mit ErtzBischoffen Johann Adam Churfürst zu
20   Meintz in einer Silber Vergulten Capsel.
Carl Ludwig PfaltzGraf Churfürst, dreymahl in Wax possirt, vnd
    2mahl auf Silberne Blätlein gemahlt.
Edoardus Com. pal: dessen Herr Bruder auf Pergement gemahlt.

248' ## II. Ahn Contrefeiten en miniature

in Capsuln.

Churfürst Carl PfaltzGraff, alß noch ChurPrintz auf ein Klein Silbern
    Plättlein gemahlt.
Gustavus Adolphus König in Schweden auf ein Silbern Blättlein.
Hertzog Bernhard zu Sachsen Waymer auf Holtz gemahlt.
5 Die Frau Raugräfin zu Pfaltz en miniature in einem Futral.
Noch dieselbe einmahl in Silber vnd einmahl in Wax.
Eine devise von Pfaltz mit dem sitzenden Löwen vnd dem Symbolo:
    Non me quae caetera.

—————

1) Die Nummern I—XXXVI sind von den Herausgebern hinzugefügt worden.

Louis quatorsieme Roy de France et Navara in SilberMedaille.

10 Item Ludwig der 14te mit seiner Frau Mutter gemahlt.

Cardinal duc de Richelieu in weiß Wachß.

Ein dürckischer Kayßer auf Kupfer gemahlt.

Der große Mogol in Helffenbein gefast.

Ein emaillirt Frauenzimmerstück Jeune verse in Gold eingefast.

15 Johann von Leyden kunstlich in Holtz geschnitten.

Eine WeibsPersohn in Holtz geschnitten.

Johannes PreyßSchuch Bürger in Augspurg der Meister von der Kunst, so sich selbst in Holtz geschnitten.

Eine gemahlte Landschafft.

20 Ein Seehstücklein.

Die Seestücklein.

Die Belägerung Philipsburg des Pfältz. Ingenieurs Taverne, in einer Hültzern Capsel.

Ein ohnbekant Contrefait auf einem silbern Blättlein.

25 Ein Pferd in Wax possirt.

249   ## III. Ahn Contrefaiten en miniature

mehrentheils in Capsuln.

Noch verschiedene in Wax possirte stücklein.

Fünff Silberne gegossene alte Medailles.

Sechszehen dergleichen in Metal gegoßen.

Inn einer Schreibtaffel mit zusammen gelegten Blättern finden sich

5   20 stk. Contrefaits en miniature sehr schön gemahlet.

Zwey Ungarische Contrefaits Serinj vnd Franchipani auf silberne Plättlein gemahlt.

Carl Stuartus Ius König in Engellandt vndt

Henriette Françoise deßen Gemahlin.

10 Gustavus Adolphus König in Schweden vor einer Baitallie zu Pferd sich praesentiret, in einem vergülten Rähmlein.

Fridericus IIIus Elector Palat: in Lebensform, klein auf Holtz.

Item deßen Brustbild klein auf Holtz.

Idem auf diese Weiße nach seinem Todt gemahlt.

15 Der Herr Von Seltz, Klein Lebensform in einem Rähmlein.

Ein Röm. Stücklein von Hanß Thomas Fischern mit 1 Rahmen.

Noch 3 andere von demselben auf Holtz ohne Rahmen.

Ein runds stücklein en miniature eine Weibspersohn mit einem Lohr-
behrcrantz umbs Haubt vnd Ein paar Weiße Täubger in den
20   Handen habend mit einem Vergülten Rahmen.
Sanct Gotthardsberg durch Jost Mumpert gemahlt.

249'   **IV. Ahn Contrefaiten vnd andern Gemählden.**

Ferdinandus III imperator   } alle drey in LebensGrösse
Ferdinandus IVus Röm. König   } durch Kays: Hoffmahler Loick
Ferdinandus III Imp. 2te Gemahlin } einen Brabander.
Hertzog Philipß von Orleans vnd dessen Gemahlin
5   Elisabeth Charlotte aus dem Churhauß Pfaltz in LebensGröße zu
Paris gemahlt durch Miniar.
ChurPfaltz Carl Ludwigs ältester Herr Bruder, Printz
Friderich Henrich, per Mirefeld gemahlt.
ChurPrintz Carl zu Pfaltz in einem Röcklein per Van Hulle einem
10   Brabander gemahlt.
ChurPfaltz Carl Ludwigs älteste Frau Schwester Printzesin Elisabeth,
durch Handhorst.
ChurPf. Herr Bruder Printz Rupert, durch Von Moll.
Duc de Montmuth, nach Lillji Original copirt durch eine Englische
15   Mahlerin.
ChurPfaltz Herr Bruder Printz Philip, des Lillij original.
Cardinal duc de Richellieu in LebensGröße durch Champagne zu
Pariß.
ChurPfaltz Carl zu Pfaltz in Harnisch durch Pamerstiehl.
20 Hertzog von Yorck nunmehr König in Engellandt vnd
deßen Erste Gemahlin vnd
erwelten Königs Jacobj 2i jetzige Gemahlin Cop: die 2 Erste nach
Lillj original per eine Englische Mahlerin.
Carolus 1us König in Engelland, Copie nach Von Dick.
25 Carolus 2us König in Engelland, vnd deßen Gemahlin
Catharina von Portugall, beede copirt von Einer Englischen Mah-
lerin, nach Lillij original.

250   **V. Ahn Contrefaiten vnd Gemälden.**

Venus et Cupido, durch Angel: Bonarota.
Pfaltzgraf Moritz, Friderici Vti Vierter Sohn durch Handhorst.
Fridericus II. Elector Palatinus de anno 1533.

Pfaltzgraff Casimirs gemahlin in einem Kleyd mit Perlen gestickt, vom
5   Amberger.

Fürst Siegismund de Rogozky.

Printz Friderich Henrich von Oranien, mit einem Huth per Van Hulle.

Ein Groß Gemahlde von Diana, mit geflügelwerck Brabandisch.

Aeneas et Anchises, Von Palma.

10 Atalanta et Hippomenes, durch Palma.

Fridericus III^{us} Elector Palatinus, in duplo.

Fridericus Pal: Victoriosus, gar alt.

Carolus Gustavus Rex Sueciae, in duplo per Sandrart.

Deßen Gemahlin.

15 Carolus X^{us} modernus rex Suec. Deßen Sohn.

Christina Königin auß Schweden.

Pfaltzgraff Johann Casimir de anno 1578 aetat. 35.

Friderici III^i Elector Palatini zweyte Gemahlin Amelia von Neuenar.

PfaltzGraf Johannes in LebensGröße, durch Fels.   Copey, nach
20   Waßerfarb, alt.

Fridericus IV^{us} Elect: Palat: Copirt durch Handhorst.

Ejusdem Gemahlin Louysa Printzeßin von Oranien.

Fridericus Rex Bohemiae et

    Elisabetha Regina in LebensGröße de anno 1621 durch Mirefeld.

250'   **VI. Ahn Contrefaiten vnd Gemåhlden.**

Churfürst Ludwig zu Pfaltz, Friderici IV^{ti} Herr Vatter vnd

    Elisabetha von Heßen, LandGraffens Philippi Magnanimi Dochter,

    Seine Gemahlin, beyde durch Ambergern;

Sophia Friderici V^{ti} Königs in Böhmen Dochter, Hertzogin zu Braun-
5   schweig vnd Lüneburg, Bischoffs zu Oßnabrück Ernesti Augusti

  Gemahlin, durch Vaillant.

PfaltzGraff Edoards deren Herrn Bruders mit Anna Gonzaga Print-

  zeßin von Mantua erziehlte 3 Töchter

    1. Elisabeth Printzeßin von Salm

10   2. Louyse Duchese A Anvien P. Condj Sohns Gemahlin

    3. Benedicta Hertzog Johann Friderichs zu Braunschweig vnd

    Lünenburg Hanover Gemahlin, nunmehr Wittib.

Ein Groß gemåhld von König Friderichs in Böhmen Gemahlin mit
  allen dero Prinzen vnd Printzeßinen de anno 1636 durch Hand-
15   horst.

Königin Henriette Maria von Engelland per Mytens.

La princesse de Conte, gebohrene Montmorancy.

Fil de Hanav, Landgrafin zu Heßen, de anno 1617.

Amalia de Solms Princesse de Orange 1625, alle 3 Mirefeld gemahlt.

20 Ein groß Stückh von Simson, durch Guidorenj Bolones.

Ein Contrefeit Marggrafens von Brandenburg, mit einer Oranien echarpe de anno 1629 per Mirenfeld.

Georg Friderich Margraf von Baden de anno 1627 per Mirenfeld.

Graff von Arondel mit einem Globo, sambt seiner Gemahlin, invent.

25 per Anthon von Dick, Copie.

Ernestus Comes de Mansfeld per Mirenfeld de anno 1624.

Maria Magdalena per Jean Thomas von Meintz.

Ein BauerMagdlein, durch Meyer.

251 VII. Ahn Contrefeiten vnd Schildereyen.

Contrefeit des alten Grafen von Schwartzburg premr. Miner bey vorigem Chfürsten zu Brandenburg anno 1629 aetat. 46. annorum per Myrenfeld.

Ixion durch Guidorenj.

5 Copia von Ixion durch Guidereni, kleiner.

Charlotte Fräulen zu Hanaw, vnd LandGräfin zu Caßel Schwester,

Charlotte de Tremoille, Comtesse de Derby,

Fridericus V. Elector Palat: in Brustbild,

Elisabeth, Königl. Printzeßin aus Engelland, dessen Gemahlin in Brust-

10 bild

alle 4 durch Mirefeld.

Hertzog Johann Pfaltzgraf zu Zweybrücken.

Fridericus IVus Elector Palat: vnd dessen Gemahlin in LebensGrösse.

Wolffgang Wilhelm Pfaltzgraf zu Neuburg, per Mirefeld.

15 Carolus Ludovicus Elector Palatinus,

Carolus ChurPrintz zu Pfaltz vnd

Wilhelmina Ernestina Königl. Printzeßin aus Denemarck, dessen Gemahlin

alle 3 in LebensGrösse, durch Jean Baptista de Rule.

20 Philippus IV. Rex Hispaniae,

deßen gemahlin vndt

deßen Schwester Ferd: III Rom: Imperat: Erste Gemahlin;

per Rubens.

Margraf Wilhelm zu Baden, per Mayer von Augspurg.

25 Jfr. Mariae LebensEndt mit den Aposteln von Carolo Saracenj Venet.

Clara Eugenia Isabella, Infantin von Spanjen per Rubens.

Ein Hertzog von Modena, oder Parma; oval.

Pabst Allexander VII.

Pabst Odescalcus, modernus.

251' ### VIII. Ahn Contrefeiten vnd Schildereyen.

Ein Moscovitischer Czar.

Orpheus vndt Euridice klein, auf Kupfer gemahlt per Carrazzo.

Ein alter Mann vnd junges Weib auf Holtz anno 1527. Von Lucas Cranach.

5 Apollo et Marsyas.

Pfaltzgraff Wolffgang im 6ten Jahr seines alters de anno 1632.

Die Chrönung Christj durch Michel Angelo Garavasio.

Ein Marienbild. Von Lucas Cranach.

Ein Badstube von einem alten teutschen Meister.

10 Judicium Paridis auf Holtz in duplo per Luc. Granach.

Ein alt MannsContrefeit über deßen haubt dieße Wortt stehen: „Da mann 1513 Jahr zahlt da was ich 44 Jahr alt vnd hett die Gestalt"; auf der andren seite zwey Schilde mit einem Helm mit dießer Uberschrifft, „Mors omnia versat".

15 Cunig. Archid. Aust. Conj: Alberti Bavariae ducis.

Ein groß Stöckh, Judicium Paridis, da Venus geerönt wirdt, auf Holtz gemahlt Von Frantz Floris mit einem taffeten Vorhang.

Ludovicus Comes Palatinus Rheni dux Bavariae anno dni 1549 aetat. 10.

Ein nackendt sitzendes frauenbild, per Frantz Floris.

20 Friderich von Gottes Gnaden Pfaltzgraff bey Rhein Hertzog in Bayern, ward gebohren den 14ten Martii 1574, abgemahlt 1575 in einem grauen Rocklein.

Fridericus 2dus Elector Palat: auf der einen Seiten das ChurPfältz. Wapen mit dem Güldenen vellus auf Holtz gemahlt, von Johann

25 Malbodis oder Jean de Moabeuse.

Ejusdem Friderici IIi Gemahlin von selbigem Mahler.

252 ### IX. Ahn Contrefaiten vnd Schildereyen.

Ein Bad von Diana vndt Calisto, die Bilder von Cornellio von Pullenberg, die Landschafft von Allexander Gehrins;

Pfaltzgraff Ludwig sambt deßen Gemahl in einem zulegenden Kästlein auf Holtz de anno 1572.

5 Ein alter PfaltzGraf ohne Nahmen de anno 1537.

Eine Schiffarth von Henrich From.

Eine Holländische BauernZeche auf Duch gemahlt durch HꞭarok.

Philippi Comit: Pal: Dochter vermehlter Hertzogin zu Meckelnburg Contrefait auf Holtz, mit einem guldenen Bruststück, vnd gül-

10 denen Ketten vmb den Halß.

Georg von Gottes Gnaden Pfaltzgraff bey Rhein, Hertzog in Bayern, wahr solcher gestalt 32 Jahr alt anno 1650. CR [in Monogramm].

Ein alt Contrefeit mit dießer Überschrifft, „anno 1525 Ludwig der 15te PfaltzGraf zwar, war im 78sten Jahr nach 1400 Churfürst ge-

15 ziehlt, Hertzog von Bayern kühn vnd mild"; mit 3 ChurPfältz. Schilden, von Georg Pens.

Ein Löw mit 4 kleinen Kindlein, worunter stehet „L'amour surmonte tout HꞭ."

Otto Henricus Comes Palat: Rheni, auf Holtz gemahlt.

20 Historia von Eleasar vnd Rebecca mit der Statt Heydelberg sambt dem Schloss, von Henrich Grißenn.

George Com. Palat: Rheni auf Holtz gemahlt von Hanß Burckmeyern.

Ludovicus Com. Palat: Rheni.

252ᵛ **X. Ahn Contrefaiten vnd Schildereyen.**

Ludwig Comes Palatin: Rheni von Hanß Schwab, Mahler zu Landshuth.

Guilielmus dux Bavariae anno 1526, auf der andern seiten 2 Wapen.

Obiges Hertzogs Gemahlin mit der Überschrifft, „mir nach, der Pfad ist guth".

5 Johannes Administrator zu Regenspurg, Pfaltzgraff bey Rhein 1515.

Philip. Palat: Episcopus Freisingensis 1518.

Wolffgangus Comes Palat: Rheni.

Die drey Gratien, auf Kupffer, in einer vergülten Rahm per Rotten-hammer.

10 Eine Seefahrt mit schwartzen Rahmen auf Holtz gemahlt de anno 1657. AD [in Monogramm].

Mariae Himmelfahrt auf Marmorstein gemahlt, von Mutzert in einer schwartzen Rahm.

Hertzog Henrich von Mecklenburg vnd seine Gemahlin Ursula de

15 anno 1507. in einem hültzern Libell durch Jacobum de Barbaris gemahlt.

Ein Stückh mit einem Sturm leidenten Schiff, durch J. Porsellas.

Friderici IIi Elect: Pal: gelifferte Schlacht wider die Türken, beym Schloß Stahrenberg de anno 1532, Christoph Mojarth 1572.

20 Die Frau Raugräffin zu Pfaltz, mit dem Herrn Raugraffen Carl Ludwig, vndt deren zwey altisten Fräulen, inn einer aussgeschnittenen vergülten Rham, durch Meyern von Augspurg.

Johann Bischoff zu Regenspurg, Pfaltzgraff bey Rhein Hertzog in Bayern, seines Alters im 44. Jahr de anno 1532 auf Holtz.

253   **XI. Ahn Contrefeiten vnd Schildereyen.**

Ludwig PfaltzGraff bey Rhein, Hertzog in Bayern Graff zu Veldentz, seines Alters 30 Jahr de anno 1532.

Rupert PfaltzGraff bey Rhein, Graff zu Veldentz anno 1532.

Reinhard PfaltzGraff bey Rhein, Hertzog in Bayern, Graf zu Span-
5   heim, Domherr zu Cölln vnd Strassburg seines Alters im 11ten Jahr anno 1532.

Eine Taffel von acht Pfaltzgraffen Gebrüdern, Ludwig, Philipp Bischoff zu Freyßingen, Friderich, Henrich, Johannes Bischoff zu Regenspurg, Wolff, Philipp vnd Otto Henrich.

10 Anna de Nassau, Comteße de Holland Brederode per Mirenveld.

Philippus Comes Solmensis, Prosapiae Münzenbergicae per Mirenveld.

Charlotte de Nassau, Duchesse de la Tremoille per Mireveld.

Ein Graf von Solms, so Großhofmeister bey ChfPf geweßen.

Eine Hertzogin von Zweybrücken Friderici IV. Elector. Palat: Schwes-
15   ter, auf der andern Seiten stehet „Martin Lünenburger feeit".

Henriette Marie Fille de Franse, Reine de la Grante Brentagne, auf Tuch.

Eine Gräfin von Löwenstein, durch Handhorst.

Ludovicus Elect: Palat: Rheni, klein auf Papier in schwartzen etwas
20   vergülten Rahmen.

Printzeßin Elisabeth, Konigin in Böhmen, ohne außgemacht, durch Sommern.

253'   **XII. Ahn Contrefeiten vnd Gemälden.**

Printz Philipp, Fridericj Vti Filius, PfaltzGraf. Brustbild, gelb gekleidet; durch Handhorst.

Jungfrl. Straußin, von Henrich Voss.

ChurPfaltz Carl Ludwig in Brustbild mit dem Blauen ordre Bandt,
5   durch Handhorst.

Ein Contrefeit einer ohnbekanten Dame.

Madlle de Villerague, von Moll.

Ein MansContrefeit in Oval anno 1619. aetat. 28.

Marggraff von Brandenburg zu Anspach;

10 Hertzog von Sachßen Altenburg, per Mirefeld.

Ein Altarstück von Unßerer Lieben Frauen, vnd andren Heyligen.

Noch ein Contrefeit einer ohnbekannten Dame.

Marggraff Ferdinand von Baden, de anno 1669.

Printz Louvis von Baaden de anno 1670, beyde auf Tuch.

15 Fräulen Maria Pfaltzgräfin bey Rhein, vnd Hertzogin in Bayern, Ihres
Alters 2 Jahre 3 Monathe abcontrefeit anno dni 1563 auf Holtz.
CSI [? — *undeutliches Monogramm*].

ChurPrintz Carl zu Pfaltz in Brustbild vnd Harnisch de anno 1670.
R. Blævet pinxit.

20 Beatrix Pfaltzgräfin bey Rhein, Hertzogin in Bayern, Gräfin zu Sponheim, gebohrne Marggräfin zu Baden vnd Hochberg, Lebens
Größ auf Tuch, von Helß.

Elisabetha Gräfin zu Erbach vnd Fraw zu Breuberg gebohrne Pfaltzgräfin bey Rhein, Hertzogin in Bayern vnd Gräfin zu Sponheim,
25   LebensGröße auf Tuch per Helß.

254   ### XIII. Ahn Contrefeiten vnd Gemählden.

Printzessin Benedicta, Pfaltzgraff Edoorts Dochter, Hertzogin zu Hanover, in der Jugend.

Churfürstl. Fr. W. von Brandenburg, Friderici Vti Königs in Böhmen
Frl. Schwester in Trauerhabith.

5 Friderici I Elect: Palat: victoriosi Brustbild auf Holtz in einer alten
vergulten Rahm.

Pauli Apostoli Bekehrung WC [*oder* WG *in Monogramm*].

Eine Küche mit einer Köchin; Inv. Johann Bœcklers.

Ein Groß Gemählte von einer Hochzeit, worüber stehet die Jahrzahl
10   1294 vnd

Ludwig Churfürst, Mechtild Dochter von Habspurg sambt Heydelberg vnd Schwetzingen.

Brunst von Troja, mit Aeneas, Anchises vndt Ascanius, auf Tuch;
Gillis von Falckenburg.

15 Sophia Hedwig de Brunswig, Comteße de Nassau in Drauer, per
Mireveld.

Amelia Dorothea RheinGräfin, Mireveld.

Anna Garet, vice Comtesse de Dorchester de anno 1622. Mireveld.

Margaretha Magdalena de Falckenstein, Comtesse de Brederode 1624,
20 per Mirenveld.

Elisabeth Cecilia Dame de Haton 1623. aetat 50. per Mireveld.

Johann Georg Marggraff vnd Churfürst zu Brandenburg mit seiner
Gemahlin einer Fürstin von Anhalt, beide in LebensGröß.

Ein Brustbild Franscisci Duc. Mutinae in schwartzem Harnisch, vnd
25 blauen Echarpen.

254' **XIV. Ahn Contrefaiten vnd Schildereyen.**

Eine Dam in mehrgrünem Habit. 1631. per Mirefeld.

Eine Printzeßin von Inspruckh, der verstorbenen Keyßerin Claud.
Fel. Schwester.

Die verstorbene Kayßerin Claudia Felix.

5 Printzeßin von Tarante, durch Sommern.

Printzeßin Loyse Gonzague, postea Regina Polon: in oval Marmor
gemahlt, durch Von Moll.

ChurPfaltz. Printzeßin Sophie in gelbm Habit, durch Salomon de Vartt
Duarte.

10 Madlle de Rohan, nunc Chabot in grünem Habit auf Marmor oval
gemahlt, per Von Moll.

Der alte Hertzog Carl von Lothringen.

Die 4 Elementa auf 4 grosse stückh gemahlt, durch Anthonio Bernardo di Bologna.

15 Die vier Jahrszeiten auch auf 4 besondere Stuck gemahlt, so nur
halb so groß alß vorige sein per Bassan.

Ein groß Gemählde von der Liebe, Trew vnd Redlichkeit in Lebens-
Grösse Invent. von Martin de Voss.

Attalante et Hippomenes; per Palma.

20 Hertzog Georg Wilhelm zu Braunschweig vnd Lünenburg, Zell, per
Von Hulle.

Hertzog Johann Friderich von Braunschweig vnd Lünenburg, per
eundem.

Eine Italianische nackende Weibspersohn, anno 74. durch den jungen
25 Mahler Von der Borcht, aus Venedig anhero geschickt.

255 ## XV. Ahn Contrefaiten vnd Schildereyen.

Printz Mauritz von Oranien, vnd noch ein alter Printz, beide mit orange Echarpen.

Der jetzige Printz Wilhelm von Oranien, sambt deßen Gemahlin, Printzeßin de Yorck, nunmehr Königs in Engelland Dochter,

5 in 2 st.

Der junge ErbPrintz aus Dennenmarckh alß ein Kindt.

Printz George von Dennenmarckh.

Churfürst Carl Ludwigs Brustbild in der Jugend.

Mylord Craven Brustbild, in duplo.

10 Carl Ludwig Raugraff zu Pfaltz.

Christophori Columbi Contrefeit, ein Original von Sebastion del Piombo venitiano.

Zwey Contrefeits, eines Manns- vnd einer WeibsPersohn. Gleiches Gemählde vnd gleicher Rahmen.

15 Vier Große Stücker Gemählde von König Salomon

(1) deßen Salbung zum Könige

(2) deßen Bitt vnd Gebeth umb Weißheit

(3) deßen erstes Gericht vnd

(4) die Abzeichnung des Tempels zu Jerusalem.

20 Ein großes Stück einer Schiffarth.

Eine Landschafft.

Imperator Maximilianus auf Papier, in Kupfer oder Holtz gestochen, mit einem Rahmen,

Item Maximilianus gar schön auf Holtz gemahlt,

25 Der König in Böhmen mit einem LorbeerCrantz umb sein Haubt.

255' ## XVI. Ahn Contrefeiten und Gemählden.

Amalia, gebohrne Fräulein zu Naßau Saarbruken aetatis 15 Jahre. anno 1580.

Dorothea Gräfin zu Hohenlohe Schillingsfürst, gebohrne Gräfin von Hohen Solms.

5 Elisabeth Princesse Palat: Friderici Vti filia

Ihr Königl. Hoheit zu Dennenmarck, der Chfürstin zu Pfaltz, Wilhelm: Ernestinae Original Contref: von der Mahlerin Böder.

Nosce te ipsum, ein alter Mann mit einem großen Borth per Meyer Augspurg 1654.

10 Ein groß Küchenstück auf Holtz gemahlt.

Frider: Vus Palat. C. Anno 1612 auf Holtz gemahlt.

La princesse Palat: mit einem Crantz von Rosen auf dem Haubt, neben sich stehen habend den ältesten Raugraffen zu Pfaltz Carl Ludwigen.

15 Wilhelmus Vus LandGraf zu Heßen in Brustbild.

ChurPfaltz Carl in einem ungarischen Habit, von Henrich von der Borcht gemahlt.

Jfrl. Allegonde ein alt Stück auf Holtz.

Der Ingenieur Taverne in einem Goller gemahlt.

20 Ein schon Stuck von dem Patriarchen Jacob, vndt seinen umbstehen-den Söhnen.

Die Entsetzung der Statt Wien in Kupffer mit einem Rahmen de anno 1683.

Der Herr von Seltz in einem Rom. Habit mit einem Hunde, Copie.

25 Rupertus P. Palatinus in der Jungheit.

Stus Joannes Evangelista et Apostolus.

Ein Stück von dem auf einem Ampoß schmidenden Vulcano, sambt dem Cupito vnd der Venus per Passan.

256   **XVII. Ahn Contrefaiten vnd Gemählden.**

Ein Schwan anno 1670. Von Chfürst Carln im Neckar geschoßen, durch Johann von Sommern gemohlt.

Venus vnd Cupido, so ihr einen Spiegel vorhelt.

Die verwittibte Chfürstin zu Pfaltz, gebohrne Landgräfin zu Heßen,

5   mit 2 Hunden an der Handt, 1 Bogen vnd 1 Kocher in einen vergülten Rahmen eingefast.

Die Churprinzeßin Elisabeth Charlotte, dero Tochter, in rothem Habit mit einem Lämlein.

Albertus Rom: 1554.

10 Caspar Fischer 1556.

Die historia, da Christus die Kindlein läßet zu Ihm kommen, von Jacques des Bacques.

Leopol: Imperator vnd deßen 3te Gemahlin die Prinzeßin vom Hauße Pfaltz Neuburg, nunmehr dem ChurHauß Pfaltz.

15 Printz Mauriz Electoris Friderici Vti filius.

ChPfaltz Carl, anno 1670. Vom Sommern gemahlt.

Ein Mensch mit einem Crantz von Rosen aufm Copff, neben welcher 1 alter Mann gemahlt, per Von Granach.

Ein Weibsbild so eine geropffte fette Ganß vor sich aufm Schoß
20 liegen hat, per Meyern.

Ihr Königl. Hoheit von Dannenmarck, Chfstin Carls Gemahlin in gel-
bem Habit per Wagner.

Carolina Raugräffin zu Pfaltz, nunmehr Comtesse de Chromberg, in
gelben Habit. Lebensgröße.

25 Ein Thiergefecht von Hunden, Ochßen vndt 2 Hanen, sehr verdorben.

256' **XVIII. Ahn Contrefaiten vnd Schildereyen.**

Zwey Stücke, jedes mit einer venetianischen Gondole mit Leuthen
besetzt vnd deren Spectatorn.

Der Heydelberger Marckt mit der heyl. GeistKirchen.

Das Schloß vnd Statt Heydelberg.

5 Der ChurPrintz Emilius von Brandenburg, auf blau Papier rayrt von
Merian 1673.

Ein auf Pergamenth mit der Feder gerißen- vnd geschriebenes sehr
kunstreiches Stück von zweyen Bechern, in deren Mitten anstatt
des Knopffs die Pfältzische Wapen.

10 Fridericus IV Elect: Palat: auf Holtz de anno 1601.

Fridericus IV Elect: Palat: auf Tuch de anno 1610.

Fridericus II Elect: Palat: mit seiner Gemahlin,

Dorothea Königl. Printzeßin von Dennenmarck
in einem holtzern Libell.

15 Tres Gratiae in einem vergülten Rahmen.

Ein auf Holtz gemahlter GesetzPrediger mit dießen Wortten „Deum
reverere et praecepta ejus serva".

Carl ChurPrintz zu Pfaltz auf Holtz gemahlt.

Ein halbnackend Weibsbild mit einer Lauten.

20 Frideric: IIus Elector Pal: in der Jugend von Albrecht Durern gemahlt in einem höltzern Libell eingefast, hochaestimirt.

Die Gebuhrt Christi Unßers Herrn auf Kupffer.

Eine Dame in polnischer Tracht vnd Habit gemahlt.

Ein Weibsbild in einem rothen Habit mit vielen Ketten umb den
25 Halß, vnd einem runden Aufsatz.

Ein alt MannsContrefeit auf Holtz, gantz verdorben.

257 **XIX. Ahn Contrefaiten vnd Schildereyen.**

Ein WeibsContrefait auf Holtz, in rothem Habit, ein Geschirr in der
Handt habend.

Judith mit dem Haubt Holofernes, vnd ihrer neben stehenden Magt, ein schön Stückh.

5 Die Königin in Böhmen, Friderici V^{ti} Gemahlin auf Holtz.

Ein klein Stucklein einer Schifffahrt auf Holtz.

Ein Schantz auf einer SeehKande, auf Papier, mit einem Rahmen.

Zwey kleine Landschafften.

Ein groß Stückh, Schloß vnd Statt Heidelberg.

10 Ein Grantz von allerhandt Blumen gemahlt,

noch eine Landschafft,

noch ein ander dergleichen,

Ein Jagtstücklein.

St. Hironimus, groß in Lebensform.

15 St. Hironimus noch einmahl in Brustbild mit seinen Symbolis.

Drey illuminirte schöne Stückh, auf Holtz mit ihren Vorschiebern von Thomas Fischern dem ältern gemahlt.

Eine Landschafft, worauf der große Christoph gemahlt.

Ein Weibsbild in einem rothsammeten Kleyd antique.

20 Drey Raufräulein zu Pfaltz auf einem Stückh, per P. Rhodinus.

Ein Ringelrennen auf Holtz gemahlt.

ChurPfaltz Carl in Harnisch, von Jean Baptist: Copie.

Idem in einem altdeutschen rothen Habit von Johann von Sommer. Original 1669.

25 Idem in einem alten RömerHabit, auch von Johann von Sommern anno 1668.

257' ## XX. Ahn Contrefaiten vnd Schildereyen.

Ein alt Stücklein auf Kupffern von Bacho vnd Ceres, darunter einige alte Medailles.

Ein vnbekant MannsContrefait in einem Harnisch auf Holtz.

Ein TriumphWagen, darauf Landgraff Wilhelmus V^{tus} zu Heßen

5 Caßel, vndt deßen Gemahlin von Hanau sitzet, 1634.

Eine Landschafft auf Tuch.

Zwey Cavalliers zu Pferdte neben einander sich praesentirend.

Ein Stückh mit Früchten von dem Italianischen Mahlern Bernardo.

Die Pfältzische Genealogie, in einem vergülten Rahmen, oben auf mit

10 dem Pfältzischen Wapen, vergült.

Der Fall Adams vnd Evae im Paradieß.

Eine Landschafft auf Tuch.

Ein alter Holländischer Mann, der mit seiner spinnenden Frauen am Fewer sitzt.

15 Ein braunes Pferdt, deßen Höhe dabey abgemahlt.

Zwey Jagtstücker von Hunden vnd Haaßen.

Ein Ungarischer Mann, in einem rothen Habit, mit einer rauhen Haube.

Fridericus IVs Elect: Pal: ein schwartzes Käpplein aufm Haubt habendt.

Zwey gleiche Stücker Baitalles, von Lempten.

20 Noch 3 Baitalles etwas kleiner alß vorige.

Acht Landschafften, darunter eine auf Kupfer.

Salvator mundi per George Pens: de anno 1544.

Ein Stückh von Wilhelm Dell, da er seinem Sohn den Apffel vom Kopffe schießet.

258   **XXI. Ahn Contrefaiten vnd Schildereyen.**

Der Hund Däxel, per Von der Borcht.

Ein gross Stückh von Bacho.

Zwey grosse Stückher von Seefarthen.

Ein klein Landschafftsstücklein.

5 Eine heydenische Opfferung, in grossen schwartz vergulteten Rahmen.

Eine Landschafft mit dergleichen Rahmen.

Eine Ruine.

Ein Stückh von einer Alten vnd einer Jungfr., welche eine Sichel in der Hand halt.

10 Der Sabiner Raubung, auf Kupfer von Paulo Ferina.

Die Entführung einer Göttin von einem Seegott.

Ein Satyrus, so von einem andern geschunden wirdt.

Ein Stückh, da Esau seine erste Gebuhrt umb das Linßengericht verkaufft.

15 Noch eine kleine Badstube mit Waßerfarben.

Zwey alte Contrefaiten, ein Mann de anno 1530,

vnd eine Frau de anno 1573 auf Holtz in gleichen höltzern Rahmen.

Einer ohnbekanten Dame Contrefait, oval.

20 Ein Contrefait einer WeibsPersohn, mit gelben zusammen getreheten Haaren, 1 Circul in der Hand habendt, in einem schwartzen Rahmen, per George Bens.

Eine WeibsPersohn mit einem toden Kind, deßen Kopff sie in den Armen aufm Schooß (Ms.: Schloss) liegen hat.

25 Ein alt Contrefait einer WeibsPersohn, einen Ring in der Hand habend,
de anno 1461.

Die Crönung Veneris.

258'   **XXII. Ahn Contrefaiten vnd Schildereyen.**

Ein alt Contrefait einer MannsPersohn, in deßen Kappen ein altes
Medaille, worinn dieße Wortte zu leßen: Nicolaus Dromus Dux.

Die Statt Heydelberg gar groß aufgerolt, so in Waßerfarb gemahlt,
vor wenig Jahren von Much. (*München?*) anherokommen.

5 Contrefait deß Cimons von seiner Tochter mit ihrer Milch im Ge-
fängnus durchs Gegitter gespeist vnd vnterhalten.

Ein alt Contrefait auf Papier.

Wilhelm Blaus zu Amsterdame Tisch, mit einem türckischen Teppich,
sambt einem darauf stehenden Globo, perspectivisch gemahlt, auch

10   einem darzu gehörigen Stuhl.

Ein mit allerhand Figuren gemahltes Tischblath.

Ein Lux, so Churpfaltz von einem Baum geschoßen.

Ein gross Stückh mit Nymphen von einem Floris.

Zwey Landschafften von Vieh und Architecturen.

15 Ein groß MannsContrefait, mit einem Baretlein vnd einem Beltz an-
gethan, de anno 1534 per George Benß.

Ein Weibsbild von Wilhelm Coy gemahlt.

Ein Stückh von antiquen Geschirren vnd Medaillen.

Der König David penitant.

20 Ein Gemähld auf Kupffer, mit Antiquitäten von Henrich von der Borcht.

Ein Stückh einer Landschafft von Waßerfarb, per Sebastian von der
Borcht.

Ein Stückh von Satyren und Nymphen auff Kupffer.

Zwey kleine Gemählde von Lempte

25 Ein Marienbild, das Kind Jesu haldendt.

Ein Adonis vnd Venus von einem italienischen Mahler.

259   **XXIII. Ahn Contrefeiten vnd Schildereyen.**

Fridericus V^{us} König in Böhmen, in Brustbild, vnd deßen Gemahlin
auß Engellandt, deren Söhne vnd Töchter.

Friderich Henrich ⎫
Rupert   ⎪
5 Moritz   ⎬ Pfaltzgraffen
Eduart   ⎪
Philipp   ⎭

Elisabeth
Louise
10 Henriette } Pfaltzgräfinnen
Sophie

Carl Ludwig, Pfaltzgraf Churfürst.

Carl, Pfaltzgraf Churfürst vnd deßen Gemahlin.

Wilhelmina Ernestina Königl. Printzeßin auß Dännenmarckh.

15 Hubertus Thomas Leodius, Friderici IIⁱ Comit: Palat: et Elect: Con-
siliarius et Secret: in duplo.

Eine Samaritaine, d'un Italien.

Ein Vulcanus per Von Bassan.

Der Einzug deß Königs von Franckreich, Louis XIVme in die Statt
20 Lille.

Un tableau de l'embrasement de Troja.

Ein Stückh von Artichott vnd Vögeln.

Une paysage dont les figures sont de Tenniere et le paysage de la
maniere du Bruelle.

25 Zwey kleine Stückh von Seeschiffen vnd Galeren.

Ein Stückh von Früchten.

Une port de mer, per Von der Cabel.

Ein Stückh von einem Seeschiff.

259' **XXIV. Ahn Contrefaiten vnd Schildereyen.**

Eine Copia einer Römischen Dame mit allerhand Obswerckh, vnd
einer Landschafft nach Ferdin: Voet.

Ein Stückh einer schlaffenden Venus vnd ein Satyr, Lebensgröß
auß der Schul Carolo Lot: auch von ihm selber reducirt.

5 Ein Jupiter vnd Calisto, Lebensgröß, ein Original von Carolo Lot.

Eine Lewenjagt von Abraham de Haen.

Ein Nachtstückh, so eine Landschafft von Straßenräubern angefüllet ist.

Ein Contrefaith von Pfaltzgr. Christoph.

Ein groß Stückh von allerhand Göttinen.

10 Ein Stückh von Diana vnd Cupito, in LebensGröß von Christoph
Schwartz gemahlt.

Ein Nachtstücklein, so eine Soldatenwacht in einem Gewölb.

Philippus Comes Palat: Rheni in Harnisch 1522. Auf der Seithen
ge dem Gesicht, mit den Wortten „nichts ohnversucht".

15 Die Königin Christina von Schweden ohne Rahmen.

Ein alt MannsContrefait in einem gelben Habit hinden mit den Buchstaben H. V. B.

Ein Bildnuß einer Weibspersohn mit einem Courtisan, woneben ein Löw vnd ein Eule abgemahlt.

20 Ein Contrefait einer ohnbekannten Dame in rothem Habit, welches so wohl alß deren Halß mit Perlen umbhangen.

Ein Nachtstückh eines MannsGesichts, so nicht wohl zu erkennen, in einer vergülten Rahm.

Noch ein Nachtstückh einer unbekannten MannsPersohn.

260 XXV. Ahn Contrefaiten vnd Schildereyen.

Ein Contrefait einer MannsPersohn mit aufgehobenem Haubt, welches eine weiße Binde mit einem FederBusch ziehret.

Ein Kopff eines alten Manns mit einem grauen Haubt auf Holtz gemahlt.

5 Ein WeibsGesicht in einem Schwartzen Rahmen, auf weiß Papier rayirt.

Eines Manns KopffContrefait, mit einem rothen Barth, ein roth gekreuztes graues Habit anhabend.

Ein WeibsKopff mit einem aufgeworffenem Angesicht vnd dicken
10 Maul, auf Holtz gemahlt, in einem braunen höltzern Rahmen.

Noch ein dito WeibsKopff uff schwartz Holtz gemahlt in einem schwartzen Rahmen eingefast.

XXVI. Ahn Steinern Bildern.

Ein Weibsbild auf einem Kißen liegend, mit einem TodenKopff vnd einer Handt.

Ein kleiner Knab, so auf einem Kißen liegt.

Hercules mit der Clava auf Holtz stehendt.

5 Ein Weibsbild aufm Bauch liegend.

Ein sitzendes Weibsbild mit einem KindsKopff, ist von Gippß.

XXVII. Ahn Helffenbeinen Bildern.

Ein nackend Weibsbild auf einem Kißen liegent.

Ein stehendes Weibsbildt so die lincke Handt an der Brust hält.

Ein Knab den lincken Fuess am Munde habend.

260'

XXVIII. Ahn Contrefaiten vnd Bilderwerck.

Stus Sebastianus, mit den Armen zurückh an einen Baum gebunden,
alß er mit Pfeylen durchschoßen worden.

Ein stehendt Weibsbild mit einem Kind vnd einem Hunde zu den
Fueßen.

5 Noch ein stehend Weibsbild mit einem Hündlein, vnd einem Tuch
umb den Leib.

Eine Büxe oder Becher, außwendig rings umbher mit allerhandt
geistlichen Figuren gezeichnet.

Die Creutzigung Christi in Helffenbein kunstreich gearbeitet.

XXIX. Ahn medallnen Bildern.

Diana mit einem Hirsch.

Apollo mit dem Pfeil, die Schlange Python erschießend.

Mercurius ein Weibsbild tragendt.

Idem Mercurius mit dem Caduceo.

5 Drey Bilder über einander, deren das mittlere ein Mann so ein Weib
mit außgestreckten Armen in der Höhe trägt, vnd unter seinen
Füeßen noch einen andern Mann liegen hat.

Ein metallner Ochß.

Ein Bild oben auf dem Kopff mit einem Loch.

10 Alle dieße Bilder stehen auf Posementen von schwartzgebeitztem
Holtz.

Ein Priapus mit einem blautaffeten Fürhängel in einer besondern
Stellage.

Dreyßig bleyerne Formen, allerhand Figuren darinnen zu giessen.

261

XXX. Ahn Contrefaiten vnd Bildwerckh von Holtz.

Ein WeibsBild mit einem Mantel vnd sonsten auf altteutsch vornen-
her gekleydet, hinten mit einem Schieber, da mann siehet wie
deren Leib voller Krotten Schlangen vnd anderm Ungeziffer
steckt.

5 Ein nackend Weibsbild, auf dem rechten Knieh einen Stecken zer-
brechendt.

Allerhandt Figuren auf ein langes Holtz künstlich geschnitten, gleich
einem Triumph oder Bachusdanz.

XXXI. Ahn KupfferBlättern.

Ein Kupfferblath von ChurPfaltz Carl Ludwigs Dhlt.

Ein dito von der Hertzogin von Hanover, Sophia Palatina.

Ein Kupffer von ChurPfaltz Carls Dhlt.

Ein dito von der ChurPrintzeßin Elisabeth Charlotte nunmehr Madam
5   la Duchesse d'Orleans.

XXXII. Ahn WaxBossirungen.

Duc de Valois, vnd

Duc de Chartres gar schön auß Franckreich geschickt, beide obiger
Madame junge Printzen.

Ein Schlacht in Wax bossirt, sehr künstlich in ein Rähmlein eingefast

261'   ### XXXIII. Ahn Contrefeiten vnd WaxPosirungen.

ChurPfaltz Carl zu Pferd sitzend auf alte romanische Maniere, das
Pferdt auf einem Posement stehend.

Noch ein Contrefait in Wax Ihr C. Dhlt. in Lebensgröße mit dem
Harnisch auf moderne Maniere, so sehr gleichet vnd wohl
5   troffen ist.

Noch 2 kleine Contrefaits von I. C. Dhlt. eines auf antique das andere auf moderne Maniere.

Drey Gesichter auf antique Maniere Pallas, Venus vnd Juno.

Noch 5 kleine Gesichter in weiß Wax nemblich Apollo vnd Diana
10   auf einem Stückh, auf dem zweiten die Venus, auf dem dritten
die Weißheit, auf dem 4ten die Stärke vnd auf dem 5ten die
Gerechtigkeit.

Ein kleiner Elephant, wornach andere zu dem dähnischen Ritterorden
können gemacht werden.

15 Der PferdsKopff Bucephali, zu Rohm gemacht.

XXXIV. Folgen demnechst allerhand Gemählde auf Stein, Kupffer vnd anders, sambt vielen Kupfferstichen.

Eylff auf weißen Marmorstein gemahlte Stücker H. Printz Ruperts
Invention.

Ein dergleichen Stückh in einem Rahmen eingefast.

Ein auf ein Kupfferblatt gemahltes Stückh von einem BlumenKrug,
5   1 SandUhr vnd 1 Todenkopff in einen Rahmen eingefast.

Noch ein solches auf Kupffer ohne Rahmen, worauf 1 Calender,
1 Schächtelgen vnd anders gemahlt.

262 **XXXV. Ahn allerhand Gemählden vnd Kupfferstichen.**

24 St. von Albert Dürren in Kupffer gestochen vnd von Churfürst
Carln höchstseel. illuminirt in vergülten Rahmen eingefast vnd
mit Glaß überzogen.

12 Kupfferstich in Rahmen ohn illuminirt.

5 12 alte Kupfferstich mit schwartzen Rollen.

Noch verschiedene alte Kupferstiche allerley Arth vnd Maniere, meist
von Albert Dürren.

Ecce homo! oder Salvator mundi auf weiß Adlaß.

Castrum doloris Ferdinandi IIIti auf weiß Satin.

10 Die verwittibte Frau Churfürstin Dhlt. auf weißem Atlaß, mit ein
Rahmen.

Das Treffen bey Neuß auf st. Tönges Heyde, zwischen dem Lamboy
vnd der Heßischen Armee, auf weiß Atlaß getruckt.

Ein Calendarium perpetuum in schwartz Rahmen eingefast.

15 Dreyzehen Stücklein Schildereyen mit Waßerfarb abgemahlt, vnd in
Rahmen eingefast.

Eine kleine Schifffahrt mit einem vergulten Rahmen.

Ein von Gold vnd Silber in Seyden gewurcktes Contrefait eines alten
Pfaltzgraffens mit einer schwartzen Churhaube, an deßen beyden
20 Seiten stehen die Buchstaben H. M. Ct.

ChurPfaltz Carl, in Kupffer, Lebensgröße in einer vergülte Rahm
eingefast.

Printz Ruppert zu Pfaltz in Kupffer, auch eingefast.

Ein Stückh einer geistlichen Historie, hinden auf stehet „Cornelius
25 Vecke".

262' **XXXVI. Ahn allerhand Gemählden vnd Kupfferstichen.**

Eine Schifffahrt auf Papier mit Waßerfarb;

Noch ein dergleichen auf Kupffer, mit einer vergülten Rahm.

Ein Kopff in einer vergülten Rahm, das Kihn in die Hand legendt.

Ein nackend Weibsmensch auf Centauro Nesso sitzendt.

5 Lutherus in Kupffer vnd Rahmen mit einem Glaß uberzogen.

Maria vnd Joseph mit dem Kind Jesu vnd Johanne.

Die Statt Londen in Kupffer eingerahmt.

Deßgleichen die Statt Prag.

La veue du Chatteau Royale de Versaille du costé du parc mit Feder
10   gerißen.

La Maison de M^r le Cardinale Duc de Richelieu en Poitou, in Rahmen, Kupfferstich.

Leopoldus Imperator ⎫
Carol: Ludov: Elect: Palat: |
15 Mareschall de Grammont | auff blau Bapier
Marrchall de Turene ⎨   rayirt per Vaillant.
ChurPrintz Carl zu Pfaltz |
ChurPrintzeßin zu Pfaltz, nunc Madame la |
   duchesse d'Orleans ⎭

20 Sechß Köpff in Braun gemahlt, Chur vnd Fürstlicher Persohnen.

Noch sechß andere Stückh mit der Feder gerißen.

Kunstgeschichtliche Anmerkungen zu dem Inventar
der Kunstschätze von 1685.

In einem Briefe der Herzogin Elisabeth Charlotte von Orléans, welchen sie von Versailles an die Kurfürstin Sophie von Hannover am 7. Dezember 1692 richtet, findet sich folgende Stelle:

„Es ist gewiß, daß Monsieur sein neue Apartement gar schön ist. In dem letzten Cabinet hatte Monsieur 3 gemähls gesetzt, so E. L. nicht unbekandt seindt, sie seindt alle 3 auß der Gallerie zu Heydelberg, nehmblich wie die h. Jungfer Marie stirbt und alle apostellen umb sich hatt; das von Simson, wie er die Philister erschlegt, unnd das von Promethée, so der vautour die leber frißt" (Briefwechsel, herausg. von Bodemann I S. 155).

Ohne Mühe lassen sich die beiden zuerst genannten Bilder mit zwei der im Inventar verzeichneten, nämlich mit dem „Lebensende Mariä" von Carlo Saraceni (VII 25) und dem „groß Stückh von Simson" (VI 20) von Guido Reni identificiren. Ein Prometheus wird in dem Verzeichniß nicht angeführt, doch dürfte es wohl nicht zu kühn sein, einen Irrthum in demselben anzunehmen und ihn in dem „Irion" von Guido Reni (VII 4) wiederzuerkennen, welches Werk offenbar zu den besonders geschätzten der Gallerie gehört hat, da von einer kleinen Copie die Rede ist. (VII 5 f.).

Die schnell erweckte Hoffnung, durch jene Angaben in der Herzogin Briefe einen Hinweis auf die Schicksale der Heidelberger Bilder gewonnen zu haben, erwies sich bald trügerisch. Nicht die gesammte Sammlung, wie zu vermuthen war, ist in den Besitz des Herzogs übergegangen, sondern derselbe scheint sich nur einige besonders hervorragende Werke angeeignet zu haben. Der Beweis hierfür scheint in dem Umstande gegeben, daß der wiederholt publicirte Katalog der Sammlung Orléans, welche 1792 in England versteigert wurde, außer dem Saraceni kein anderes im Inventar aufgeführtes Gemälde enthält. Was ist aus dieser durch einzelne werthvolle Werke ausgezeichneten Heidelberger Gallerie geworden?

Die Untersuchungen haben noch nicht zu einem abschließenden Resultate geführt, doch lassen einige Thatsachen wenigstens eine Vermuthung zu. Die Thatsachen sind folgende:

Eine große Anzahl von Porträts der pfälzischen Fürsten werden in dem 1844 erschienenen „Verzeichniß der Bildhauerwerke und Gemälde, welche sich in den Königlich Hannover'schen Schlössern und Gebäuden befinden", namhaft gemacht. Die offenbare Willkür, mit welcher hier bestimmte Künstler als Verfertiger angegeben werden einerseits, wie andererseits die Kürze der Beschreibung im Heidelberger Inventar macht aber den positiven Nachweis, daß es sich um dieselben Bilder, die hier wie dort erwähnt werden, handelt, so gut wie unmöglich. Nur in einem einzigen Falle erscheint die Uebereinstimmung so auffallend, daß eine Identität sicher anzunehmen ist: in Heidelberg befand sich ein Bild des Pfalzgrafen Ludwig, bezeichnet: Ludovicus Comes Palatinus Rheni dux Bavariae anno domini 1549 aetat. 10 (VIII 18) und ein Bild mit genau der gleichen Inschrift findet man im Hannover'schen Katalog S. 67, 19.

Der „alte Mann mit großem Bart" und der Inschrift: Nosce te ipsum, von Meyer von Augsburg 1658 gemalt, ist zweifellos das jetzt in der Braunschweiger Gallerie (Nr. 44) befindliche Bild eines Philosophen, welches noch heute dem Joh. Ulrich Meir von Augsburg zugeschrieben wird und nach Parthey's Bildersaal eben jene Bezeichnung trägt. Da dasselbe aus dem Schlosse von Salzdahlum, in dessen Inventar es schon 1744 angeführt wird, stammt, ist es offenbar von der Kurfürstin Sophie aus Heidelberg erworben worden.

Ergibt sich nun aber aus diesen beiden Fällen, daß die auf den Hannover'schen Thron gelangte pfälzische Prinzessin Werke aus der Gallerie ihres väterlichen Schlosses an sich gebracht hat, so darf man ja wohl auch für eine Anzahl jener in den Welfischen Schlössern angeführten Porträts pfälzischer Fürsten die Herkunft aus Heidelberg annehmen. Auf S. 65 des angeführten Verzeichnisses werden unter Nr. 8 und 9 die Bildnisse von Friedrich IV. und seiner Gemahlin Louise von Oranien als Werke Holbeins und dann weitere Exemplare von einem „unbekannten Meister" unter Nr. 129 und 130 auf S. 81 verzeichnet. Dies zweite Porträtpaar ist möglicher Weise identisch mit V 21. 22 in Heidelberg. Die Heidelberger Bildnisse VII 13, welche in Lebensgröße waren, sind nicht in Hannover nachzuweisen. Weiter ist es wahrscheinlich, daß das Brustbild des Pfalzgrafen Johann, Bischof zu Regensburg, im Schloß am Georgengarten

(S. 66, 17) „aus der Schule Holbeins" das 1552 datirte Bildniß des Fürsten im H. Inventar X 23 ist. Bei den folgenden Bildern, wird ein bestimmter Nachweis der Identität dadurch unmöglich gemacht, daß in Heidelberg als ihr Verfertiger Miereveld, in Hannover Honthorst genannt wird: der Pfalzgraf Friedrich Heinrich (1614—1629. Heid. IV 7. Hann. S. 68, 28), Amalie von Solms, Prinzessin von Oranien 1625 (Heid. VI 19. Hann. S. 70, 37, auch in Berlin von W. Honthorst, in Potsdam von Mytens) und Charlotte von Nassau, Herzogin de la Trémouille (Heid. XI 12. Hann. S. 70, 38). Ferner sind Porträts von Pfalzgraf Eduard (1624—1663, offenbar irrthümlich in Heid. Miereveld I 23, in Hann. S. 70, 44 Janssens zugeschrieben), Pfalzgraf Philipp (1627—1650, in Heid. XII 1 Honthorst, in Hann. S. 71, 45 Janssens zugeschrieben), Pfalzgraf Moritz (1621—1652, in Heid. V 2 Honthorst, in Hann. S. 71, 46 Janssens), und Amalie von Hessen, Prinzessin von Tarent (Heid. van Sommern XIII 5, Hann. von Adrian Hannemann S. 89, 22 gemalt).

Läßt sich auch nichts Bestimmteres darüber sagen, so bleibt es doch gewiß, daß eine Anzahl Bilder aus Heidelberg nach Hannover gekommen sind. Die Spuren einzelner derselben wären dann wohl weiter in die preußischen Schlösser zu verfolgen.

Einen anderen Weg rückwärts haben wir von München einzuschlagen. Hier ist nun zunächst zu erwähnen, daß in der Schleißheimer Ahnengallerie keines der pfälzischen Fürstenbildnisse, unter welchen sich ja auch die Reihe von Schöpfungen Barthel Behams befindet, mit einem der Heidelberger Gemälde identificirt werden kann, denn daß ein Porträt Friedrichs II. vom Jahre 1535 in Heidelberg (V 3), also aus demselben Jahre, in welchem Beham das Bildniß dieses Fürsten malte, angeführt wird, beweist nur, daß eben zwei Porträts aus demselben Jahre existirt haben. Dagegen scheint eine andere Thatsache einen Hinweis zu geben. Zu den werthvollsten Schätzen des Heidelberger Schlosses gehörten unzweifelhaft der Philipp IV. von Spanien und dessen Gemahlin von Rubens. Nun befinden sich heute die einzig als Originale von der Hand des Meisters zu betrachtenden Bilder dieses Fürstenpaares in der Münchener Pinakothek (Nr. 787 und 788). Sie stammen aus der Düsseldorfer Gallerie, und diese Gallerie ist von Pfalzgrafen gegründet und bereichert worden. Im Jahre 1666 war mit den Herzogthümern Jülich und Berg Düsseldorf an Philipp Wilhelm von Pfalz-Neuburg gekommen, und eben dieser Fürst wurde nach dem Tode Karls II. 1685 Kurfürst in Heidelberg. In dem ersten Jahre seiner Regierung ist unser Verzeichniß abgefaßt worden. Hat er Werke aus der Gallerie seines

Vorgängers übernommen, so wird er dieselben sicherlich in seine eigentliche Residenz, nach Düsseldorf, wo dann unter seinem Nachfolger Johann Wilhelm eine so glänzende Gallerie gesammelt wurde, mitgenommen haben, und die Vermuthung, daß er auf die beiden Rubens'schen Gemälde Werth gelegt und sie nicht in andere Hände habe gerathen lassen, gewinnt eine besondere Stütze darin, daß sein Vater Wolfgang Wilhelm in direkter Verbindung mit dem großen vlämischen Meister gestanden und von diesem für die Jesuitenkirche in Neuburg das große jüngste Gericht und noch andere Gemälde erworben hatte.

Stammen aber die Bildnisse in München wirklich aus der Heidelberger Gallerie, so liegt es nahe, anzunehmen, daß Philipp Wilhelm auch noch andere Gemälde derselben an sich gebracht und nach Düsseldorf überführt habe. Vergebens suchen wir nach solchen in der Pinakothek, welche die glückliche Erbin der Düsseldorfer Sammlung wurde. Wohl aber bewahrt dieselbe einige Stücke, welche unsere Aufmerksamkeit erregen. Als Werke eines Regensburger Meisters werden die Bildnisse Herzogs Wilhelm IV. von Bayern und seiner Gemahlin Marie Jakoba vom Jahre 1526 aufgeführt (Nr. 225 und 224) — in unserem Verzeichniß liest man X 2: „Gulielmus dux Bavariae anno 1526, auf der andern Seite 2 Wappen." In der That weist auch das Münchener Bild die Wappen mit Sprüchen auf. Man würde keinen Zweifel hegen, wäre auf dem Heidelberger Porträt der Jakoba nicht eine Ueberschrift: „mir nach, der Pfad ist gut" angegeben, welche der Münchener Katalog nicht anführt. Das in dem letzteren folgende Brustbild des Pfalzgrafen Johann, Administrators von Regensburg (297) macht uns gleichfalls stutzig, aber es trägt nicht, wie die Heidelberger Bildnisse dieses Pfalzgrafen, deren eines übrigens gleichfalls unmittelbar wie im Münchener Katalog nach dem bayrischen Fürstenpaar, als ob es zu demselben gehörte, im Inventar aufgeführt wird, eine Datirung (X 5 von 1515. X 23 von 1552). Weiter hängt in der Pinakothek eine Dornenkrönung Christi von Caravaggio — und ein gleiches Bild war in Heidelberg (VIII 7). Vielleicht dürfte man auch vor dem „Cimon und Pera" von Honthorst (512) einen Augenblick innehalten und des Heidelberger Bildes mit gleichem, freilich oft im XVI. Jahrhundert behandelten Gegenstande gedenken (XXII 5). Alle fünf genannten Münchener Gemälde aber befanden sich in der alten bayrischen kurfürstlichen Gallerie. Dieselbe bestand fast ganz aus Erwerbungen, welche der mit Leidenschaft überall sammelnde Max Emanuel gemacht hatte, in dessen Regierungszeit (1679 bis 1726) die Auflösung der Heidelberger Gallerie fiel!

Geht man hierauf weiter die Mittheilungen durch, welche F. v. Reber in der Einleitung des Münchener Katalogs über die Geschichte der Samm-lung macht, so findet man, daß dieselbe außer der kurfürstlichen und der Düsseldorfer Gallerie auch noch diejenige von Zweibrücken und von Mann-heim in sich schließt. Es wäre nach Allem, was bisher sich ergeben hat, sehr denkbar, daß auch in diese pfälzischen Schlösser einzelne Werke aus Heidelberg übergegangen seien. Aus Zweibrücken wie Mannheim stammt aber nur je ein Bild, das möglicherweise mit je einem in unserem Inventar zu identificiren wäre. Aus Zweibrücken nämlich zwei Poelenburgs, welche beide den Fehltritt der Calisto behandeln (Nr. 524. 525), zu vergleichen mit dem Bilde gleichen Gegenstandes von demselben Meister in Heidelberg (IX 1), und aus Mannheim die halbnackte Frau von Franz Floris (Nr. 662), zu vergleichen mit dem „nackten sitzenden Frauenbild" von Floris im Ver-zeichniß VIII 19. In beiden Fällen aber bleibt die Herkunft zweifelhaft, da Poelenburg oft die Calisto gemalt hat (z. B. Bilder in Petersburg, Frank-furt a. M., Pommersfelden) und die Beschreibung der Frau von Floris zu unbestimmt ist.

Ein absolut sicheres Resultat ergibt sich aus diesen Erwägungen nicht, aber die Annahme, daß mehrere Bilder aus dem Heidelberger Schloß theils direkt, theils auf den Umwegen durch die pfälzischen Schlösser nach München gelangt sind, hat doch große Wahrscheinlichkeit für sich.

Aus München, wie ein Vermerk auf der Rückseite der Tafeln besagt, stammt nun wieder auch ein hölzernes Diptychon mit den Porträts Fried-richs II. und seiner Gemahlin Dorothea, welches mit der Sammlung des Grafen Graimberg in die jetzige Kunst- und Alterthümersammlung des Heidelberger Schlosses (Katalog Mays Nr. 424) gelangt ist. Es ist wohl das einzige nachweisbare Werk, welches nach langer Wanderung an seinen ehemaligen Aufbewahrungsort zurückkehren durfte, denn im alten Verzeich-niß finden wir die Bildnisse des Fürstenpaares mit der Angabe „in einem hölzern Libell" (VIII 12. 13). So sonderbar hier das Schicksal auch gespielt hat, so wäre man ihm freilich dankbarer, hätte es lieber diese Arbeiten eines unbedeutenden Malers verschwinden lassen und dafür das Doppel-bildniß Friedrichs II. und Dorothea's von Mabuse erhalten, welches gänzlich verschollen ist. Immerhin nimmt das „Libell" unter allen den Porträt-copien der heutigen Schloßsammlung neben wenigen Originalbildnissen einen ehrenvollen Platz ein. Gerne wüßte man Näheres, von welcher Meister-hand der sogenannte Friedrich I. (Katalog Mays Nr. 416), ein gewiß einst-mals sehr schönes, leider aber sehr beschädigtes Bild, geschaffen wurde. Es

steht der Kunstrichtung eines Dürer und eines Baldung sehr nahe und dürfte
etwa in das erste Jahrzehnt des XVI. Jahrhunderts zu versetzen sein. Stellt
es, wie höchst wahrscheinlich, einen Kurfürsten von der Pfalz dar, so könnte
es wohl nur ein Jugendbildniß Friedrichs II. (geb. 1482) sein. Gerne
würde man für dasselbe einen Platz in der einstigen Gallerie des Schlosses
suchen. Wäre es etwa gar der „hochaestimirte," für Dürer gehaltene Friedrich II. „in der Jugend" gemalt? Doch das ist vorderhand eine müssige
Frage.

Noch drei andere Flüchtlinge aus dem Neckarthal glaube ich eingeholt
zu haben — alle drei Bilder von Georg Pentz. Das erste auf dem Schön-
born'schen Schloß: eine allegorische Frauenfigur mit einem Zirkel in der
Hand vom Jahre 1545 (Kurzwelly: Penz Nr. 19), offenbar das „Contrefeit einer Weibsperson mit gelben zusammengedrehten Haaren, einen Zirkel
in der Hand" (XX 20). Das zweite der „Salvator mundi" von 1544
(XX 22) in dem Christus des Schlesischen Museums in Breslau (Kurzwelly
Nr. 13), welcher aus der Sammlung von Rhediger stammt. Das dritte,
„ein großes Mannscontrefei von 1554" im Berliner Museum (Nr. 585.
Kurzwelly Nr. 3), vor 1820 von Frauenholz für diese Gallerie erworben.

Dieser zuletzt gebrachte Nachweis nun dürfte entscheidend für die Be-
antwortung der Frage: „was ist im Jahre 1686 mit der Gemäldegallerie
der Pfalz geschehen?" sein. Nicht jene Angabe, welche die Bilder alle
nach Frankreich gelangen läßt, hat Recht, sondern Häusser mit seiner, allerdings auf ihre Quelle nicht zurückzuführenden Behauptung: „das Uebrige
an Mobilien, Pretiosen, Gemälden u. s. w. überließ Philipp Wilhelm dem
französischen Bevollmächtigten, der eine öffentliche Auktion damit anstellte
und den Ertrag nach Frankreich schickte" (Geschichte der Rhein. Pfalz II
S. 770). Ein Fünkchen Wahrheit dürfte auch in der Vermuthung Rebers
in der Einleitung zum Katalog der Münchner Pinakothek — wo übrigens
auch von einem erhaltenen Testamentsinventar, das aber keine Künstler-
angaben aufweist, die Rede ist — enthalten sein, daß Philipp Wilhelm die
Gemäldesammlung geerbt habe. Hält man alle Thatsachen neben einander,
so dürfte der Vorgang etwa so aufgefaßt werden. Die Gemäldegallerie
sollte in der von Frankreich geschaffenen Zwangslage zu Geld gemacht
werden. Eine Anzahl Bilder ließ sich der Herzog von Orléans nach Paris
kommen, andere behielt Philipp Wilhelm, wieder andere übernahm oder
erwarb Sophie von Hannover — der Rest wurde versteigert. Wer die
Käufer waren, läßt sich vorläufig noch nicht feststellen, wahrscheinlich aber
befand sich unter ihnen Max Emanuel von Bayern. Manches nicht mehr

nachzuweisende Portrait wird sich heute in fürstlichen Schlössern, etwa der preußischen, schwedischen, russischen und bayrischen Herrscherfamilien befinden, viele andere Bilder unerkannt in öffentlichen Sammlungen aufbewahrt werden, manche ganz und für immer verschwunden sein.

Mit Gallerien, wie sie die Kurfürsten im XVIII. Jahrhundert in Düssel-dorf und Mannheim begründet haben, läßt sich die ältere in Heidelberg nicht vergleichen. Dem Inventar nach zu schließen, nahm die Porträtsammlung den größten Platz in derselben ein, von historischen und religiösen Bildern be-deutender Meister findet man nur wenige, auch Genre- und Landschaftsdar-stellungen der Holländer sind nur in beschränkter Anzahl vorhanden gewesen. Immerhin werden doch Werke verzeichnet, welche noch heute, in der Zeit eines so anderen Geschmackes, das kunstgeschichtliche Interesse erwecken. Von großen Namen älterer deutscher Meister lesen wir Albrecht Dürer, Hans Burgkmair, Georg Penz, Lucas Cranach, Christoph Amberger und Hans Schwab, als Vertreter der deutschen Kunst des XVII. Jahrhunderts erscheinen N. Blauer, Joh. Elias Fels, Hans Thomas Fischer, Joh. Ph. Lembke, Martin Lünen-burger, Matthäus Merian, Joh. Ulr. Mair, Joh. Pfannenstiel, Joach. Sandrart, Christoph Schwartz und der Holzschnitzer Joh. Preiß. Unter den wenigen Italienern sind an erster Stelle Michelangelo, unter dessen Namen eine Venus, offenbar ein Gemälde nach dem Carton in Neapel, angeführt wird, und Sebastiano del Piombo, dem ein Porträt des Christoph Columbus zugeschrieben wird, zu nennen, daneben die Bassano's, Caravaggio, Palma Giovane, ein Caracci, Carlo Loth, Carlo Saraceni und die Bernardi's von Bologna. Besondere Aufmerksamkeit beanspruchen die Bildnisse des Herzogs und der Herzogin von Mecklenburg von der Hand des vielwandernden Ver-mittlers nordischer und südlicher Kunst, Jacopo Barbari. Der älteren vlä-mischen Schule gehören nur Mabuse und Franz Floris unter den verzeichneten Meistern an, dagegen ist die Liste derjenigen des XVII. Jahrhunderts eine umfassendere: drei Originale von Rubens bildeten den Mittelpunkt dieser Ab-teilung. Van Dyck war nur in Copien vertreten. Von Porträt- und Histo-rienmalern finden wir: Pieter van Mol, Franz Lenr, A. van Hulle, Martin de Vos, J. B. de Ruel, Philippe de Champaigne (Bildniß Richelieu's), Peter Lely, Hendrik v. d. Borcht, Jan van Somern, Jean Thomas, Hendrik de Vos; von Genre- und Landschaftsmalern: Josse de Momper, Gillis von Valkenborch, Teniers und Breughel. Zahlreiche Porträts von Honthorst und Miereveld sind das Hauptcontingent, welches Holland der Sammlung geliefert

hat. Wie es scheint, besaß dieselbe auch zwei Bildnisse von Barth. v. d. Helst.
Ein religiöses Gemälde von J. de Backer wird genannt, daneben einige Arbeiten der Kleinmaler J. v. d. Capelle, Egbert van Heemskerk, C. Poelenburg, J. Porcellis und Hendrik Vroom. Der französischen Schule endlich
gehören Werke Vaillants und die zwei Bildnisse des Herzogs und der Herzogin von Orléans von P. Mignard an.

Eine große Anzahl von Bildern wird ohne den Namen der Meister
angeführt — manches gute Stück mag unter denselben gewesen sein, dem
heute sein kunstgeschichtlicher Platz angewiesen werden dürfte. Namentlich
betreffs der altdeutschen Werke ist es zu bedauern, daß keine ausführlichere
Beschreibung gegeben ist. Daß der Verfasser bei der Aufsetzung des Kata-
loges gewissenhaft zu Werke gegangen ist, wird aber gerade durch die Vor-
sicht, mit welcher er bloße Attributionen vermeidet, bewiesen, und man darf
seinen positiven Angaben im Allgemeinen Glauben schenken. Der Abschreiber
des Verzeichnisses hat sich freilich nicht durch Kenntnisse ausgezeichnet — es
war in einzelnen Fällen nicht leicht, seiner entstellten Orthographie den richtigen Künstlernamen zu entrathen: bei einigen blieb das Fragezeichen bestehen (Mutert, Christoph Moyaert, Henrich Grisenn, Joh. Bocklers, Salomon de Vartt Duartte). Offenbar richtig geschrieben, aber in den Künstler-
lexiken nicht nachzuweisen sind folgende Künstler: Büder (Malerin), Wilhelm
Coy, Martin Lünenburger, P. Rhodinus und Cornelius Vecke.

Eine kurze, von wenigen vorläufigen Anmerkungen begleitete alpha-
betische Zusammenstellung möge den Ueberblick über die in der Gallerie
durch Werke vertretenen Meister erleichtern.

Amberger, Christoph. a. (V 4). Bildniß der Gemahlin Pfalz-
grafs Kasimirs. Vermuthlich ist Elisabetha, Tochter des Kurfürsten August
von Sachsen (geb. 1552, gest. 1590) gemeint, die Frau Johann Kasimirs.
Die Bestimmung des Künstlers erscheint bedenklich, da Amberger, wie es
scheint, schon bald nach 1568 gestorben ist. Eine Copie nach gutem alten
Porträt der Fürstin befindet sich in der Schloßsammlung (Nr. 439). —
b. (VI 1 und 2). Bildnisse des Kurfürsten Ludwig VI. (geb. 1539, reg.
1576—1583) und seiner Gemahlin Elisabeth von Hessen (geb. 1539, gest.
1582). Unter den uns bekannten Bildnissen von Ambergers Hand sind diese
Porträts nicht nachzuweisen. — Porträts des fürstenpaares in Schleißheim
und in der Schloßsammlung (ganz rohe späte Copien Nr. 454. 455).

Backer, Jakob de. Offenbar ist unter Jacque des Bacques dieser
Amsterdamer Porträt- und Historienmaler gemeint. XVII 11. Christus läßt
die Kindlein zu sich kommen.

Barbari, Jacopo. X 14. Bildniſſe des Herzogs Heinrich des Friedfertigen von Mecklenburg (geb. 1479, reg. von 1506) und ſeiner Gemahlin Urſula, Tochter des Kurfürſten Johann von Brandenburg, verh. 1506, geſt. 1511. Datirt 1507. — Die Angaben über dieſe „beiden in einem hölzernen Libell" gefaßten, heute nicht mehr nachzuweiſenden Porträts ſind von großem Intereſſe. Es ergibt ſich aus ihnen, daß Barbari, welcher nach ſeinem mehrjährigen Aufenthalte in Nürnberg 1505, wie Corn. Gurlitt nachgewieſen hat, nach Sachſen gegangen war, von dort aus noch an andere deutſche Fürſtenhöfe berufen worden iſt und 1507 in Mecklenburg war, ehe er Hofmaler in Brüſſel wurde. Hoffentlich gelingt es noch einſt, dieſe Gemälde, welche uns die erſte Anſchauung von ſeiner Kunſt als Porträtmaler geben würden, wiederzufinden. — Die künſtleriſch werthloſen kleinen Bilder der Heidelberger Schloßſammlung (Nr. 427. 428) ſtellen den Herzog mit deſſen ſpäterer Gemahlin Helene, Tochter Philipps von der Pfalz, dar.

Baſſano. a. XIV 15. Die vier Jahreszeiten, vier Stücke. Dieſen Gegenſtand haben die Baſſano's öfters behandelt. Waagen erwähnt eine ſolche Serie in Longford Caſtle (Suppl. 561). Zwei Darſtellungen werden ſchon 1746 in Pommersfelden genannt. Vielleicht hat man aber den „Sommer" und den „Herbſt" in der K. K. Gallerie zu Wien (Nr. 290 und 291), welche aus dem Prager Schloß ſtammen, ins Auge zu faſſen, da auch — b. XVI 27 Vulkan, Cupido und Venus in der Wiener Sammlung nachzuweiſen iſt (Nr. 315), ein aus Ambras ſtammendes Werk des Leandro — und c. XXIII 18 ein „Vulcanus" wahrſcheinlicher Weiſe in Nr. 316 der Wiener Gallerie (Bruchſtück, Wiederholung des 1. Stückes von Nr. 315) wieder zu erkennen iſt. Hier hätten wir alſo vermuthlich Bilder, welche aus der Pfälziſchen Sammlung in kaiſerlichen Beſitz übergegangen ſind.

Bernardi, Antonio Maria. Sicher Antonio Bernardo di Bologna, welcher in den Dienſten des Kurfürſten von Bayern zu Schleißheim gemalt hat und 1704 geſtorben iſt. a. XVI 13. Die vier Elemente, große Stücke. — b. XX 8. Stillleben von Früchten. Wohl von Fabricius, Antonio's Bruder, welcher in den Dienſten des Kurfürſten von der Pfalz arbeitete.

Blauer, N. Den im Katalog genannten N. Blaevel gibt es nicht. Offenbar iſt der Name verleſen und lautete Blauer. Nach dem Verzeichniß der Schloßſammlung von Mays (S. 134 Nr. 1074) befindet ſich im Beſitze des Grafen Kurt von Degenfeld-Schonburg ein Miniaturporträt Karl Ludwigs von einem Blauer 1659. — XII 18. Porträt des Kurprinzen Karl zu Pfalz. 1670.

Bocklers, Johann. Wer ist dieser Maler? — XIII 8. Küche mit Köchin.

Borcht, Hendrik van der. Ist der jüngere, um 1610 in Frankenthal geborene Heinrich, Sohn des älteren aus Brüssel stammenden, in Frankenthal und Frankfurt lebenden Malers des gleichen Namens. Er ging 1636 mit dem Grafen Arundel nach Italien und war später in England und Antwerpen thätig, wo er in hohem Alter starb (Nagler). — XXII 20. Stillleben von Antiquitäten.

Borcht, Sebastian van der. Ein sonst nicht bekannter Maler, vermuthlich Sohn des eben genannten. — a. XXII 21. Landschaft in Aquarell. — b. XIV 24. Eine nackte italienische Frau, 1674 von dem jungen v. d. Borcht aus Venedig geschickt. Offenbar handelt es sich auch hier um Sebastian. Zweifelhaft bleibt dies bei c. XXI 1. Der Hund Dägel.

Büder, eine Malerin, von der sonst nichts bekannt zu sein scheint. — XVI 6. Bildniß der Gemahlin Karls II., Wilhelmine Ernestine von Dänemark (geb. 1670, gest. 1706).

Burgkmair, Hans. IX 22. Bildniß des Georg, Pfalzgraf zu Rhein. Ist offenbar der Sohn des Kurfürsten Philipp, Kanonikus in Mainz, Köln, Trier, Dompropst und später Bischof von Speyer (geb. 1486, gest. 1529). Bildnisse dieses Fürsten finden sich in Schleißheim und im bayrischen Nationalmuseum. Das Gemälde ist unter den bekannten Werken des Meisters nicht nachzuweisen.

Capelle, Jan van der. So ist offenbar das „Von der Cabel" zu lesen. — XXIII 27. Ein Seehafen.

Caravaggio, Michel Angelo Amerighi. VIII 7. Eine Krönung (offenbar Dornenkrönung) Christi. Ein solches Bild, aus der kurfürstlichen Gallerie stammend, befindet sich in der Pinakothek zu München (Nr. 1254), ein anderes in Petersburg.

Carracci, welcher? VIII 2. Orpheus und Eurydice, klein auf Kupfer.

Champaigne, Philippe de. IV 17. Das Bildniß des Kardinals von Richelieu in Lebensgröße. Bekannt ist das im Louvre (Nr. 87) aufbewahrte Gemälde. Es ist wohl anzunehmen, daß unter den Bildern, welche der Herzog von Orléans von Heidelberg nach Paris kommen ließ, auch dieses Werk sich befunden hat.

Coy, Wilhelm. Wer dieser Künstler war, vermag ich nicht zu sagen. XXII 17. Ein Weibsbild.

Cranach, Lukas. a. VIII 3. Alter Mann und junges Weib. 1527. Unter den mir bekannten zahlreichen Exemplaren, welche diesen Gegenstand

behandeln, befindet sich keines mit der Jahreszahl 1527. — b. XVII 17.
Alter Mann und junges Weib mit einem Rosenkranz auf dem Kopf. Zu
vergleichen wären die Bilder in Hannover, Nürnberg, Prag, Schleißheim,
Wien (Akademie und Belvedere). — c. VIII 10. Zwei Exemplare des Pa-
risurtheiles. Zu vergleichen die Bilder in Gotha, Wörlitz, Karlsruhe. —
d. VIII 8. Ein Marienbild. Auch bei XVIII 24: ein Weibsbild in rothem
Habit und vielen Ketten, wäre vielleicht an Cranach zu denken.

Dürer, Albrecht. XVIII 20. Kurfürst Friedrich II. in der Jugend
gemalt, in einem hölzernen Libell eingefaßt, „hochaestimirt." Handelt es
sich hier um ein echtes Werk des Meisters? Von einem solchen Porträt
ist uns sonst nichts bekannt, doch liegt kein Grund vor, an der Angabe von
vornherein zu zweifeln — die hohe Bedeutung, welche man dem Werk zu-
erkannte, spricht eher für die Richtigkeit der Attribution. Friedrich II. wurde
1482 geboren, Dürer würde ihn also wohl am Ende des XV. oder in den
ersten Jahren des XVI. Jahrhunderts gemalt haben. An das künstlerisch
bedeutende, jetzt sehr beschädigte Bild der Schloßsammlung, welches irrthüm-
licher Weise als Bildniß Friedrichs I. angeführt wird und der Dürer'schen
Kunstrichtung nahe steht, zu denken, ist, wie oben bereits ausgeführt wurde,
doch nicht ohne Weiteres möglich, selbst wenn man annähme, daß der Verfasser des Verzeichnisses von 1686 nur auf eine allgemeine Tradition, nicht
auf eine Bezeichnung sich stützend, Dürer als Verfertiger genannt habe.
Es ist zu hoffen, daß das Bild, sei es nun von Dürer oder von einem
anderen Meister seiner Zeit, noch einmal nachgewiesen werden wird. Bildnisse des Fürsten finden sich in Schleißheim (Nr. 387. Beham) und im
Münchener Nationalmuseum. — Unter XXXV 1 und XXXV 6 werden Stiche
Dürers genannt.

Dyck, Anton van. Copien nach ihm. — a. IV 24. Karl I. von
England. — b. IV 24. Graf von Arundel, mit einem Globus.

Farinati, Paolo. So ist wohl das „Paul Ferina" zu lesen. —
XXI 10. Der Raub der Sabinerinnen auf Kupfer.

Fels, Elias. Ein aus St. Gallen gebürtiger Meister, welcher Hofmaler des Kurfürsten von der Pfalz war und 1635 in Heidelberg gestorben
ist. — V 19. Bildniß eines Pfalzgrafen Johannes in Lebensgröße. Copie
nach einem alten Gemälde. Wasserfarbe. Ist dies Johann III., Domherr
und Bischof (1488—1538), oder Johann I. von Simmern (geboren 1459,
gest. 1521)?

Fischer, Hans Thomas. Ein, wie es scheint, wegen seiner fein
colorirten Kupferstiche und Aquarelle von Blumen im XVII. Jahrhundert

beliebter Nürnberger Maler, welcher 1655 gestorben ist. — a. III 16. 17. Vier „römische Stücklein." — b. XIX 16. Drei illuminirte schöne Stücke auf Holz.

Floris, Franz. a. VIII 16. Große Darstellung des Parisurtheils. — b. VIII 19. Nacktendes sitzendes Frauenbild. Vielleicht das aus Mannheim stammende Gemälde der Münchner Pinakothek Nr. 662. — c. XXII 13. Große Darstellung: Nymphen. Von „einem Floris."

Grissenn, Heinrich. Es ist mir nicht gelungen, diesen Künstler zu bestimmen. IX 20. Historia von Eleasar und Rebecca mit Ansicht der Stadt Heidelberg.

Haen, Abraham de. Ist dies der Abr. de Haen von Amsterdam? XXIV 6. Eine Löwenjagd.

Heemsterck, Egbert van. So ist zweifellos das „H. Karot" zu lesen. — IX 7. Eine holländische Wirthshausscene.

Helst, Bartholomäus van der. Ist so das „Helß" zu lesen? a. XII 20. Bildniß der Beatrix, Pfalzgräfin bei Rhein, in Lebensgröße. Kann Niemand anders sein, als die Gemahlin Johannes II., Grafen zu Sponheim, Tochter des Markgrafen Christoph I. von Baden, geb. 1492, gest. 1535. — b. XII 23. Elisabeth, Gräfin zu Erbach. Ist die Tochter der vorigen, geb. 1520, gest. 1569. Es handelt sich hier also offenbar um große, auf Tuch gemalte Gemälde, welche Helst mit Benutzung älterer Porträts angefertigt hat.

Honthorst, Willem van. Denn um diesen, nicht um Gerard wird es sich handeln. Daß einzelne dieser Bilder vielleicht in den Porträts der Hannover'schen Schlösser wiederzuerkennen sind, wurde schon oben bemerkt. a. IV 11. Prinzessin Elisabeth von Böhmen, älteste Schwester Karl Ludwigs, Aebtissin des Stiftes zu Herford, geb. 1619, gest. 1680. — b. V 2. Pfalzgraf Moritz, vierter Sohn Friedrichs V., geb. 1621, gest. 1652. — c. V 21. Kurfürst Friedrich IV. (reg. 1583—1610), Copie nach älterem Bilde von Honthorst. — d. VI 13. Großes Gemälde von Friedrich V., König von Böhmen mit Gemahlin und allen Kindern, 1656. — e. XI 18. Eine Gräfin von Löwenstein. — f. XII 1. Prinz Philipp, Sohn Friedrichs V., geb. 1627, gest. 1650. — g. XII 4. Brustbild Karl Ludwigs. Ein solches, 1640 datirt, von Honthorst befindet sich im Louvre zu Paris (Nr. 218), andere in Hannover. Ein Bildniß Friedrichs V. in der Art des Honthorst bewahrt die Karlsruher Kunsthalle (Nr. 224).

Hulle, Anselm van, der Genter Meister, welcher durch seine Bildnisse der Gesandten auf dem Congreß zu Münster bekannt ist. a. IV 9. Kurprinz Karl (später Karl II.) als Kind. — b. V 7. Prinz Friedrich Heinrich von Oranien. — c. XIV 20. Herzog Georg Wilhelm zu Braunschweig. — d. XIV 22. Herzog Johann Friedrich von Braunschweig.

Lely, Peter. a. IV 16. Original: Prinz Philipp, Sohn Friedrichs V. (1627—1650). Das folgende sind Copien nach Lely. b. IV 14. Duke de Monmouth. Von englischer Malerin. — c. IV 20 u. 21. Herzog von York (später König Jakob II.) und Gemahlin. Von englischer Malerin. — d. Karl II. von England und Gemahlin. Von englischer Malerin.

Lembke, Johann Philipp. Ein in Nürnberg 1631 geborener Schlachtenmaler, der 1713 in Stockholm gestorben ist. — XX 19. 20. XXII 24. Sieben Schlachtenbilder. Bilder von seiner Hand finden sich in den Sammlungen zu Wien und Prag.

Leur, Franz. So statt Loid zu lesen. Ein aus Antwerpen stammender Künstler, welcher Hofmaler am kaiserlichen Hofe war. — IV 1. 2. 3. Bildnisse von Ferdinand III., Ferdinand IV. und dessen Gemahlin.

Loth, Carlo. a. Schlafende Venus und ein Satyr. Schulwerk. — b. Jupiter und Kalisto. Original.

Lüneburger, Martin. Von diesem Maler scheint sonst nichts bekannt zu sein. — XI 4. Bildniß der Schwester Friedrichs IV., wohl Christine (geb. 1573, gest. 1619).

Mabuse, Jan Gossaert gen. VIII 23. 26. Bildnisse Friedrichs II. und seiner Gemahlin Dorothea. Die Gemälde sind verschollen.

Meister Monogrammist A. D. 1657. X 10. Ein Seestück. Ist der von Brulliot I Nr. 243 erwähnte Künstler. Brulliot führt Bilder mit der gleichen Jahreszahl an.

Monogrammist C. R. IX 11. Porträt des Pfalzgrafen Georg, 1650.

Monogrammist C. S. J. XII 15. Porträt der Pfalzgräfin Maria als Kind vom Jahre 1563. Es ist die später mit dem Herzog von Söderland verheiratete Prinzessin.

Monogrammist H. K. IX 17. Ein Löwe mit vier Kindern und dem Spruche: L'amour surmonte tout. Handelt es sich hier um ein Werk des Hans von Kuhnbach?

Monogrammist H. V. B. XXIV 16. Bildniß eines alten Mannes.

Monogrammist W. C. XIII 7. Bekehrung Sauls.

Merian, Matthäus. XVIII 5. Kurprinz Emil von Brandenburg. Kupferstich vom Jahre 1673.

Meyer, Johann Ulrich. Der „Meyer von Augsburg" ist offenbar Joh. Ulrich Mair, welcher aus Augsburg stammte, seine Studien in den

Niederlanden machte, an vielen deutschen Höfen thätig war und 1704 gestorben ist. — a. VII 24. Markgraf Wilhelm zu Baden. Dürfte das Bild
sein, welches, wie Nagler angibt, Philipp Kilian nach ihm gestochen hat.
b. X 20. Die Raugräfin mit Raugraf Karl Ludwig und zwei Töchtern. —
c. XVI 8. Alter Mann, bez. 1654. Nosce te ipsum. Ist jetzt in der Braunschweiger Gallerie Nr. 44 und befand sich vordem in Salzdahlum. Vermuthlich ist auch das Bauernmägdlein (VI 28) von diesem Mair.

Michelangelo Buonaroti. V 1. Venus und Cupido. Offenbar
eine (in Oel ausgeführte?) Copie des Cartons in Neapel.

Miereveld, Mich. J. Zu vergleichen wären, wie oben angeführt,
die Bilder in den Hannover'schen Schlössern. a. IV 7. Friedrich Heinrich,
Sohn Friedrichs V., geb. 1614, gest. 1629. Vergleiche den Stich von Delff
nach Miereveld 1629. — b. V 23 u. 24. Friedrich V. und Elisabeth, seine
Gemahlin. Gelang es mir auch nicht, die Originale nachzuweisen (ein
Friedrich V. von Miereveld befindet sich in Amsterdam Nr. 927), so können
doch die Stiche von Delff (1622. 1625. 1630) und von Bolsworth (1615)
namhaft gemacht werden. In der Heidelberger Schloßsammlung befindet
sich eine Copie offenbar nach einem Originale Mierevelds (Nr. 445). —
c. VI 17. Charlotte von Montmorency, vermählt 1608 mit Henry II. von
Bourbon-Condé. — d. VI 18. 1617. Amalie Elisabeth, Tochter Ludwigs II.
von Hanau-Münzenberg, vermählt 1619 mit Wilhelm V., Landgrafen von
Hessen-Kassel. — e. VI 19. 1625. Amalie von Solms-Braunfels (geb. 1602),
vermählt 1625 mit Friedrich Heinrich, Prinz von Oranien. Bildnisse von
ihm in Berlin (Honthorst), Potsdam (Mytens), Hannover und Amsterdam
(Honthorst). — f. VI 21. 1629. Markgraf von Brandenburg. — g. VI 23.
1627. Georg Friedrich, Markgraf von Baden. — h. VI 26. 1624. Ernst
Graf von Mansfeld. Vergleiche Stich von Delff nach Miereveld 1624. —
i. VII 1. Graf von Schwarzberg, 1629 aetatis 46. Minister des Kurfürsten
von Brandenburg. — k. VII 6. Charlotte von Hanau. — l. VII 7. Charlotte de la Tremouille, Comtesse von Derby. — m. VII 8. Brustbild Friedrichs V. — n. VII 9. Elisabeth, Gemahlin Friedrichs V. — o. VII 14. Wolfgang Wilhelm, Pfalzgraf zu Neuburg, reg. von 1614—1653. Es existirt
ein Stich von Delff, vermutlich nach diesem Porträt, vom Jahre 1631. —
p. XI 10. Anna von Nassau, Gräfin von Brederode. — q. XI 11. Graf
Philipp von Solms-Münzenberg. — r. XI 12. Charlotte von Nassau, Herzogin de la Tremouille. Vergl. das Gemälde von Honthorst in Hannover.
— s. XII 10. Herzog von Sachsen-Altenburg. — t. XIII 15. Sopie Hedwig
von Braunschweig. — u. XIII 17. Pfalzgräfin Amalie Dorothea.

v. XIII 18. 1622. Anna Garet, Gräfin von Dorchester. — w. XIII 19. 1624.
Margarethe Magdalena von Falkenstein, Gräfin von Brederode. Nach
Parthey befindet sich das Bildniß derselben von Mytens in Wörlitz. —
x. XIII 21. 1625. Elisabeth Cecilia von Haton. — y. XIV 1. Eine Dame
in meergrünem Kleid.

Mignard, Pierre. IV 4. 5. Bildnisse des Herzogs Philipp von Or=
leans und seiner Gemahlin Elisabeth Charlotte. Vergl. den Stich von Magd.
Masson nach einem Porträt der Herzogin von Mignard.

Mol, Pieter van. Wie hier, wird auch auf Stichen Mol Molle
genannt. a. IV 13. Prinz Ruprecht von der Pfalz (1619—1682). —
b. XII 7. Fräulein von Villeragne. — c. XIV 6. Prinzessin Luise Gonzaga,
später Königin von Polen. — d. XIV 10. Mademoiselle de Rohan, ver=
mählte Chabot.

Momper, Josse de. III 21. Sankt Gotthardsberg.

Mojarth, Christoph. Ich vermochte nichts über diesen Künstler
ausfindig zu machen. — X 19. Friedrichs II. Schlacht wider die Türken bei
Stahremberg 1552. Gemalt 1572.

Mutert. Wer ist dieser Künstler? X 12. Himmelfahrt der Maria.

Mytens, Dan. d. Ae. VI 16. Königin Henriette Maria von England.

Palma, Giovane. a. V 9. Aeneas und Anchises. — b. V 10. Ata=
lanta und Hippomenes. — c. XIV 19. Atalanta und Hippomenes.

Penz, Georg. a. IX 13. Bildniß des Kurfürsten Ludwig V. von
der Pfalz. 1625. Ist heute nicht mehr nachzuweisen, wäre das früheste
uns jetzt bekannte Gemälde des Künstlers. — b. XX 22. Salvator mundi.
1544. Ist dies der Christus mit der Dornenkrone in Breslau (Kurzwelly
Nr. 15)? — c. XX 20. Eine Frau mit zusammengedrehten Haaren und einem
Zirkel in der Hand. Offenbar die sogenannte „Muse Urania" in Pom=
mersfelden vom Jahre 1545 (Kurzwelly Nr. 19). — d. XXII 15. Großes
Bildniß eines Mannes mit Barett und Pelz. 1554. Offenbar das Bild der
Berliner Gallerie Nr. 585 (Kurzwelly Nr. 3).

Pfannenstiehl, Johannes. So ist statt Pamerstiehl zu lesen.
IV 19. Kurfürst Karl II. Mays erwähnt im Verzeichniß der Schloßsamm=
lung (S. 154 Nr. 1074) ein 1663 von Pfannenstiehl gemachtes Miniatur=
porträt der Raugräfin, im Besitze des Grafen Kurt von Degenfeld-Schon=
burg. Dieser Pf. war Bildnißmaler in Frankfurt a. M.

Piombo, Sebastiano del. XV 11. Ein Bildniß des Christoph Co=
lumbus. Was aus diesem interessanten Werke geworden, ist unbekannt.

Poelenburg, Cornelis van. IX 1. Der Fehltritt der Calisto.
Landschaft von Alexander Kierings. Bilder mit diesem Gegenstande in
München (aus Zweibrücken), Pommersfelden, Frankfurt, Petersburg.

Porcellis, Jan. So statt Poriellas. X 17. Stürmische See.

Preis, Johannes von Augsburg. Ist offenbar Joh. Philipp Preiß,
Bildhauer, Architekt und Ingenieur, der um 1670 in Würzburg und Bam-
berg arbeitete (Sandrart). II 17. Das eigene Porträt, in Holz geschnitten.

Reni, Guido. a. VI 20. Großes Stück des Simson. Kam in den
Besitz des Herzogs von Orléans. S. oben. — b. VII 4. Fälschlich als Jxion
bezeichneter Prometheus. — c. VII 5. Prometheus, kleinere Copie.

Rhodinus, P. Wer ist dieser Künstler? XIX 20. Drei Raufräulein
zur Pfalz.

Rottenhammer, J. X 8. Die drei Grazien.

Rubens, Peter Paul. a. VII 20. 21. Philipp IV. und seine Gemahlin Elisabeth von Bourbon. Vermuthlich die später in der Düsseldorfer
und jetzt in der Münchner Pinakothek (788 und 787) aufbewahrten Gemälde. S. oben. — b. VII 22. Maria Theresia, Gemahlin Ferdinands III.,
Schwester Philipps IV. Wohin ist dieses Porträt gekommen? Es gibt
einen Stich nach einem solchen Bildniß von P. de Jode (vergl. Rooses IV
S. 210). — c. VII 26. Clara Eugenia Isabella, Infantin von Spanien.
Vergl. die Porträts in Brüssel, Devonshire, London, Madrid (Rooses IV
S. 193.)

Ruel, Jean Baptiste de. Dieser in Antwerpen geborene Porträtmaler hat seine Thätigkeit besonders an den Höfen von Mainz, Heidelberg
und Würzburg entfaltet, wo er um 1680 starb. — a. VII 15. Kurfürst
Karl Ludwig. Vergl. den Stich von Philipp Kilian nach einem Gemälde
von Ruel. — b. VII 16. Kurprinz Karl (später Karl II.). — c. VII 17. Wilhelmine Ernestine, dessen Gemahlin. Alle in Lebensgröße. Sicher ist von
ihm auch das XIX 22 angeführte kurzweg Jean Baptiste genannte Bildniß
Karls II.

Sandrart, Joachim. V 13. Karl Gustav, König von Schweden.

Saraceni, Carlo. VII 25. Tod der Maria. Herzog Philipp von
Orléans nahm das Bild nach Paris (s. oben), und später kam es mit der
Sammlung Orléans nach England, wo es nach Castle Howard gelangte
(Waagen II 417).

Schwab, Hans. Ein Künstler, der von 1494—1526 im Dienste der
bayrischen Herzöge in Landshut thätig war, von dem wir aber noch kein be-
glaubigtes Werk kennen. X 1. Pfalzgraf Ludwig, wohl der spätere Kurfürst

Ludwig V. (geb. 1476, reg. 1508—1544). Man schrieb früher (Katalog von 1775) dem Maler vier Porträts in Schleißheim (115—118) zu.

Schwartz, Christoph. XXIV 10. Diana und Cupido in Lebensgröße.

Somern, Jan van, ein in Amsterdam geborener Künstler, von dem wir unter anderem ein in schwarzer Manier ausgeführtes Porträt des Pfalzgrafen Karl kennen. Offenbar war er am Heidelberger Hofe thätig. — a. XI 21. Elisabeth, Gemahlin Friedrichs V., offenbar nach älterem Bilde gemacht. — b. XIV 5. Amalie von Hessen, Prinzessin von Tarent. Vergl. Bildnisse derselben von Hannemann und Luise Hollandine in Hannover. — c. XVII 1. Ein Schwan. 1670. — d. XVII 16. Kurprinz Karl (Karl II.). 1670. — e. XIX 23. Derselbe. 1669. — f. XIX 25. Derselbe. 1668.

Teniers, David und Jan Breughel. XXIII 23. Landschaft mit Figuren.

Thomas, Johann. Offenbar der 1610 in Ypern geborene Maler, der später Hofmaler des Bischofs von Metz (so statt: „Mainz") war und 1662 von Leopold I. nach Wien berufen wurde, wo er 1672 starb. VI 27. Maria Magdalena.

Vaillant, Jacques. Diesem am Berliner Hofe thätigen Maler dürfte VI 4 das Porträt der Sophie, Herzogin, später Kurfürstin von Hannover angehören. Zu bemerken ist aber, daß auch ein Stich der Herzogin aus dem Jahre 1658 existirt von

Vaillant, Wallerant, von welchem folgende Stiche in der Sammlung sich befanden: XXXVI 13—19: Kaiser Leopold, Karl Ludwig Kurfürst, Marschall de Grammont, Marschall Turenne, Kurprinz Karl und Elisabeth Charlotte von Orléans.

Valkenborch, Gillis van. XIII 3. Brand von Troja mit Aeneas und Anchises. Von ihm vielleicht auch XXIII 21 Brand Troja's?

Vartt, Salomon de V. Duartte. Wer ist dieser Künstler? Mir ist nur ein 1674 in London thätiger Johann van de Vaart bekannt geworden. — XIV 8. Prinzessin Sophie von der Pfalz.

Vecke, Cornelius. Wer ist dieser Künstler? XXXV 24. Ein Stück von einer geistlichen Historie.

Voet, Ferdinand. Ein aus Antwerpen gebürtiger, in Italien und Paris thätiger Maler. XXIV 1. Römische Dame mit Obstwerk.

Vos, Alard Hendrik de, ein Künstler, welcher um die Mitte des XVII. Jahrhunderts in Heidelberg thätig war und hier die im Parnassus Heidelbergensis 1660 von J. Schweizer gestochenen Professorenbildnisse gemacht hat. XII 3. Jungfrau Straußin.

Vos, Martin de. XIV 17. Großes allegorisches Gemälde: Liebe, Treue und Redlichkeit.

Vroom, Hendrik. So lese ich statt Krom. IX 6. Ein Seestück mit Schiffen.

Wagner. XVII 3. Wilhelmine Ernestine, Gemahlin Karls II. Offenbar das Bildniß von Wagners Hand, nach welchem Ph. Kilian seinen Stich angefertigt hat.

———

Diese kurzen vorläufigen Notizen mögen für jetzt genügen. Alles Nähere muß späteren Nachforschungen vorbehalten bleiben.

H. Th.

I. Perfonenverzeichniß.

(Wo nichts befonderes bemerkt, handelt es sich um Gemälde.)

Albertus Rom. 1534 XVI 9.

Alexander VII. Papst VII 28.

Allegonde, Jungfräulein XVI 18.

Arundel, Graf, nach van Dyck VI 24.

Baden, Fürstenhaus

 Ferdinand, Markgraf. 1669 XII 13.

 Georg Friedrich, Mg. Miereveld. 1627 VI 23.

 Ludwig, Prinz. 1669 XII 14.

 Wilhelm, Markgraf. Mair VII 24.

Bayern, Fürstenhaus

 Kunigunde, Gemahlin Alberts VIII 15.

 Wilhelm, Herzog und Gemahlin Jakobäa. 1526 X 2. 3.

Blaus, Wilhelm zu Amsterdam XXII 8.

Brandenburg, Fürstenhaus

 Emilius, Churprinz. Merian. 1673 XVIII 5.

 Friedrich Wilhelm, Kurfürst und Gemahlin XIII 3.

 Johann Georg, Markgraf und Gemahlin XIII 21. 22.

 Markgraf. Miereveld. 1629 VI 21.

 ? Markgraf XII 9.

Braunschweig-Lüneburg, Fürstenhaus

 Georg Wilhelm, Herzog. v. Hulle XIV 20.

 Johann Friedrich, Herzog. v. Hulle XIV 22.

Columbus, Christoph. Seb. del Piombo XV 11.

Craven, Mylord XV 9.

Dänemark, Fürstenhaus

 Georg XV 7.

 ? Erbprinz, junger XV 6.

Deutschordensmeister Johann Caspar I 12.

Dromus, Nicolaus Dux XXII 1.

England, Fürstenhaus

 Henriette, Gemahlin Karls I. Mytens VI 16. XI 16.

 Jakob I., König I 9 Min.

  „ mit Gemahlin und Prinzen I 7 Min.

Friedrich IV. und Gemahlin Louise von Oranien VII 13.

„   und Erzbischof Johann Adam von Mainz. Min. I 19.

Friedrich V. 1612 XVI 11.

„   XV 25.

„   und Gemahlin Elisabeth von England. Miereveld. V 24. VII 8. 9.

„   und Gemahlin mit ihren fünf Söhnen und vier Töchtern XXIII 1.

Friedrich, Pfalzgraf. 1575 VIII 22.

Friedrich Heinrich, Sohn Friedrichs V. Miereveld IV 7.

Georg, Pfalzgraf. 1486—1529. Burgkmair IX 22.

„   „   1630. Meister C. R. IX 11.

Johann,   „   Bischof von Regensburg. 1552 X 23.

„   „   „   „   „   X 5.

Johann, Pfalzgraf zu Zweybrücken. 1550 — 1604 VII 12.

Johannes? V 19.

Johann Casimir, Pfalzgraf. 1578 V 17.

„   „   Gemahlin Elisabetha von Kursachsen. Amberger V 4.

Karl, Kurfürst, als Kurprinz. Ruel VII 16.

„   „   „   „   Van Hulle IV 9.

„   „   „   „   Blauer 1670 XII 19.

„   „   „   „   Vaillant. Rad. XXXVI 17.

„   „   „   „   Min. auf Silber II 1.

„   „   „   „   XVIII 18.

„   „   Pfannenstiel IV 19.

„   „   H. v. d. Borcht XVI 16.

„   „   Van Somern 1670 XVII 16.

„   „   Jean Baptiste Ruel. Copie XIX 22.

„   „   Van Somern 1669 XIX 23.

„   „   „   „   1668 XIX 25.

„   „   XXIII 13.

„   „   in Wachs XXXIII 1. 3. 6.

„   „   Kupfer XXXI 3. XXXV 21.

Karl Ludwig, Kurfürst. Houthorst XII 4.

„   „   „   Ruel VII 15.

„   „   „   XV 8. XV 10. XXIII 12.

„   „   „   Kupf. Vaillant XXXVI 14. XXXI 1.

„   „   „   in Wachs und Min. I 21.

Ludwig III. und Mechthild von Habsburg XIII 11.

Ludwig V. als Pfalzgraf. Hans Schwab X 1.

  „ „ „ Penz IX 13.

  „ „ „ 1552 XI 1.

  „ „ „ IX 23.

Ludwig VI. als Pfalzgraf. 1549 VIII 18.

  „ und Gemahlin Elisabetha von Hessen. Amberger VI 1.

  „ „ „ „ „ „ 1572 IX 3

Ludwig? In Holz geschn. 1 5. Min. XI 19.

Moritz, Pfalzgraf, Sohn Friedrichs V. Honthorst V 2.

  „ „ XVII 15.

Ottheinrich, Pfalzgraf IX 19.

  „ Kurfürst. In Stein geschn. 1 1. In Holz 1 3.

Philipp Kurfürst's Söhne und Enkel XI 7.

Philipp, Pfalzgraf, Bischof von Freising 1518 X 6.

  „ „ „ „ „ 1522 XXIV 14.

Philipp, Pfalzgraf, Sohn Friedrichs V. Honthorst XII 1.

  „ „ „ „ Cely IV 16.

Reinhard (Richard?) Pfalzgraf. 1552 XI 4.

Rupert, Pfalzgraf. 1552 XI 3.

Rupert, Pfalzgraf, Sohn Friedrichs V. Van Mol IV 13.

  „ „ „ „ XVI 25.

  „ „ „ „ Kupf. XXXI 23.

Wolfgang, Pfalzgraf, geb. 1626 VIII 6. X 7.

Wolfgang Wilhelm, Pfalzgraf von Neuburg. Miereveld VII 14.

Pfalzgraf? 1557 IX 5. In Seide XXXV 18.

Frauen.

Amalie von Neuenahr, Gemahlin Friedrichs V 18.

Amalie Dorothea. Miereveld XIII 17.

Anna Gonzaga, Gemahlin Eduards VI 7.

Beatrix, Pfalzgräfin, Gemahlin von Johann II., Graf zu Sponheim, geb. 1492, gest. 1555. Helst XII 20.

Benedicta, Gemahlin Johann Friedrichs von Braunschweig, Pfalzgraf Eduards Tochter VI 11. XIII 1.

Charlotte von Hessen-Kassel, Gemahlin Karl Ludwigs XVI 4.

  „ „ „ „ „ „ Miereveld VII 6.

Christine?, Herz. von Zweybrücken. Lünenburger XI 14.

Dorothea von Dänemark, Gemahlin Friedrichs II. VIII 26.

II. Sachverzeichniß.

Heidelberger Ansichten.

Von

Karl Zangemeister.

(Fortsetzung.)

I.

Eine unbekannte Handzeichnung Merians.

(Hierzu Tafel VII.)

Das Königliche Kupferstichkabinet in Berlin besitzt die auf Tafel VII
in Lichtdruck wiedergegebene Original-Zeichnung, die uns eine neue, bis
jetzt ganz unbekannt gebliebene Ansicht von Alt-Heidelberg bietet.[1]) Sie ist
0,196 Meter hoch und 0,306 Meter breit. Auf dem Blatte, auf das sie
später aufgeklebt worden ist, steht 1) am oberen Rande: „Schloss zue
Heydelberg" und 2) am unteren Rande: „Matthæg Merian f." von einer
Hand des 17./18. Jahrhunderts geschrieben. Die Ansicht, die ich kürzlich
selbst besichtigt habe, ist von Künstlerhand mit der Feder gezeichnet und dann
grün lavirt. Das schöne Landschaftsbild ist aufgenommen in der Nähe des
Riesensteins. Für das Schloß besitzt es namentlich deshalb Werth, weil es
die ganze Westseite, von der mir sehr wenige alte Ansichten vorhanden sind,
deutlich zeigt und auch Einzelheiten, besonders des Frauenzimmer-, Biblio-
theks- und Ruprechts-Baues erkennen läßt.

Es fragt sich nun, in welche Zeit das Bild gehört und ob diese zu
der Angabe stimmt, daß sein Urheber der ältere Mathaeus Merian (1593
bis 1650) sei, derselbe, der uns namentlich durch seine beiden herrlichen
großen Stiche von 1620 (Mitth. I n. 40 und 49), Taf. VII und VIII) als
Darsteller von Stadt und Schloß Heidelberg rühmlichst bekannt ist. Eine
Betrachtung der einzelnen Schloßbauten führt zu einer bejahenden Antwort.

---

1) Dem Direktor des Kgl. Kupferstich-Kabinets, Geheimrath Dr. Lippmann, der
uns auf diese Zeichnung aufmerksam gemacht und die Reproduktion selbst überwacht
hat, sprechen wir hiermit unseren lebhaften Dank aus.

Der dicke Thurm trägt den erhöhten Aufbau, den Friedrich V. nach der Inschrift im Jahre 1619 ausführte. Das Dach auf dem Rundell des Stück= gartens ist beseitigt, und es erscheint dieses Rundell nur als Terrasse; diese Aenderung erfolgte ebenfalls unter Friedrich V., der bekanntlich den ganzen Westwall als Lustgarten angelegt hat. Rechts neben dem Brückenthurme ist im Hintergrunde der (auf den Stuttgarter Ansichten vom Ende des 16. Jahr= hunderts Taf. XVII ff. noch fehlende) Aufsatz des Krautthurmes erkennbar. Auf der Nordseite des Schlosses erscheint unter dem Zeughause der Altan mit seinen beiden Eckthürmchen; die Bastion vor diesem ist nicht zu erkennen. Weiter links sieht noch das Ballenhaus, das erst nach dem dreißigjährigen Kriege beseitigt wurde; über und unter diesem Gebäude sieht man am Ab= hange je einen Befestigungsthurm, wie auf Merians Ansichten Taf. VII und VIII. Der Apothekerthurm der Ostseite, der auf den Stuttgarter Zeichnun= gen (XVII—XIX) noch ein niedriges Spitzdach hat, ragt hier mit einem Kuppeldach hervor, hat also bereits die Gestaltung, die unter Friedrich IV. zur Ausführung gekommen ist. — Endlich sehen wir über dem Ballenhause im Hintergrunde die große Terrasse, die Caus im Jahre 1619 ausgeführt hatte. Auf dem Nordende fehlt wie auf Merians Nordansicht (n. 49) so auch hier das Gebäude, das derselbe Merian zu des Caus „Hortus Pala= tinus" (n. 40) dargestellt hat. Es war jedenfalls nur projektirt (vgl. Mitth. I S. 74 f.).

Aus dem Vorstehenden ergibt sich, daß dies Bild zu Merian's be= kannten Ansichten stimmt und den damaligen wirklichen Zustand mit Aus= schluß der nur beabsichtigten Bauten wiedergiebt. Es liegt sonach kein Grund vor, die Angabe, daß diese Zeichnung von M. Merian dem Aelteren herrührt, in Zweifel zu ziehen, wir dürfen sie vielmehr als ein authentisches Zeugniß betrachten.

Es ist dies meines Wissens die einzige Heidelberger Handzeichnung dieses hervorragenden und ungemein fleißigen Künstlers, die bis jetzt be= kannt geworden ist. Hoffentlich fördert die Zukunft noch weitere Blätter zu Tage, die vielleicht noch in Sammlungen verborgen ruhen.

II.

Ein zweites Original-Gemälde von G. Berckheyde.

(Hierzu Tafel VIII.)

- -

Als ich vor sechs Jahren das Kopenhagener Oelgemälde von G. Berckheyde veröffentlichte, schloß ich mit dem Wunsche (Mitth. II S. 298), es
möchte in Zukunft gelingen, eine große farbige Copie dieses schönen Bildes
für Heidelberg zu gewinnen. Diesem Wunsche ist bald darauf in anderer,
aber einer Weise Genüge geschehen, die wir nicht zu erhoffen wagten. Von
dem Direktor der Kgl. Gemäldegallerie zu Berlin, Geheimrath Dr. Wilhelm
Bode, erhielten wir im Jahre 1892 aus London die Mittheilung, durch die
er uns zu größtem Danke verpflichtet hat, daß dort im Kunsthandel ein
großes, Heidelberg darstellendes Oelbild von G. Berckheyde angeboten
werde. Auf Anregung des Schloßvereins hat die hiesige Stadt bald darauf
den Ankauf beschlossen, und das Gemälde bildet jetzt eine Hauptzierde der
Sammlung auf dem Schlosse. Seine Höhe beträgt 0,625 m, seine Breite
0,99 m, d. h. innerhalb der Einrahmung, unter die das Bild wohl noch
etwa 1 cm weit hineinreichen wird. Die Erhaltung des auf Leinwand ge-
malten Bildes ist eine vortreffliche, die Farben haben noch volle Frische, so
daß das Detail noch deutlich zu erkennen ist. W. Bode hat das Bild für
ein Original erklärt, ohne Zweifel mit vollem Rechte. Schon die ganz verschiedene und selbständige Behandlung des Vordergrundes schließt die Annahme einer Copie aus. Die Darstellung der Stadt und des Schlosses ist
hier die gleiche, wie auf dem Kopenhagener Bilde, und es genügt also
hiefür auf die frühere Erörterung zu verweisen.

ANFANG DES VERTRAGES MIT ALEXANDER COLIN

VOM 7. MÄRZ 1558

(NACH DER COPIE VON 1604).